TOUT LE TEMPS

à la maison

Cynthia Ruchti et Becky Melby

TOUT LE TEMPS à la maison

Traduction : Antoine Doriath

farel
EDITIONS

Publié aux États-Unis par Kregel Publications, a Division of Kregel Inc., 2450 Oak Industrial Drive NE, Grand Rapids, Michigan 49505, sous le titre : *Spouse in the House.*

Excelsis – 385 chemin du Clos – 26450 Charols – France
Site Internet : www.XL6.com

Sauf indication contraire, les versets et noms bibliques sont cités d'après la Bible du Semeur.

Couverture : Anne Vaubaillon / Passage des couleurs
Photos de couverture :
123rf.com / © evgenyatamanenko
123rf.com / © rh2010
Adobe Stock / © Mariia Korneeva

Mise en pages : Éditions Farel

ISBN : 978-2-86314-540-1

À Bill.

Cela devrait suffire,
puisque nous avons toutes les deux
un conjoint nommé Bill dans la maison.
Par la grâce de Dieu,
nous avons trouvé et avons gardé
des hommes bons avec des cœurs bons qui ont
accepté de nous laisser être vraies dans ces pages.

CHAPITRE 1

Chérie, je suis à la maison… Tout. Le. Temps.

Cynthia

Je suis membre du club IMTLT. Oui, c'est comme ça que ça s'écrit : **Il** est à la **M**aison **T**out. **L**e. **T**emps. L'idée est née de l'un de mes romans. Une femme a perdu un emploi qu'elle adorait et s'est retrouvée à la maison toute la journée, tous les jours, alors qu'elle pensait que les meilleures années de sa carrière étaient devant elle. Son mari, si gentil, mais un tout petit peu oublieux, avait pris une retraite anticipée dans le but de ne rien faire du reste de sa vie. Et il était doué pour cela.

Dans le livre, un conseiller avisé suggère à la femme, désormais déprimée, d'envisager de fréquenter un club de lecture – le club IMTLT, plus précisément. Mon personnage a suivi cette suggestion, pensant que les femmes qui se réunissaient dans l'arrière-salle d'un café pittoresque discuteraient tout simplement, de livres.

Mais, à la surprise générale, au lieu de cela, la coordinatrice autoproclamée a expliqué : « Nous écrivons un livre…

sur comment survivre quand votre mari est à la maison tout… le… temps. »

Le personnage principal du récit s'est senti obligé de dire : « J'aime mon mari. C'est un homme bon. »

L'un des membres a répondu : « C'est une condition *sine qua non* pour faire partie du club IMTLT. Nous aimons toutes nos maris. Nous aimons être auprès d'eux. L'aide qu'il nous faut c'est de bien comprendre ce qu'implique la précision "24 heures sur 24 et 7 jours sur 7[1]". »

Comme la plupart des romanciers, j'ai appris une chose ou deux en écrivant ce livre. J'ai appris à connaître les membres du club IMTLT et leur approche unique et proactive pour faire en sorte que ça marche, pour trouver l'équilibre au milieu d'une soudaine surcharge d'intimité.

Le besoin d'équilibre est peut-être plus grand que jamais. Depuis que la révolution industrielle a transformé la vie des gens, avec la fin d'une activité qui était jusqu'alors essentiellement celle des entreprises agricoles et familiales, nous n'avons jamais assisté à une évolution aussi sismique : le retour des deux conjoints à la maison. Cette migration vers davantage de temps à la maison peut être attribuée à de nombreux facteurs :

- Les diplômes supérieurs peuvent désormais être obtenus entièrement en ligne.
- Le développement de l'esprit d'entreprise entraîne la création d'un nombre croissant de sociétés gérées à domicile (souvent avec des conjoints « en alternance » qui collaborent à la même entreprise, ou qui gèrent chacun la leur).
- Les employés des entreprises travaillent de plus en plus à distance pour réduire les frais généraux, se déplaçant de quelques mètres de la cuisine au bureau plutôt que de passer deux heures dans un flot ininterrompu de voitures.

---

1. Cynthia Ruchti, *Song of Silence*, Nashville, Abingdon, 2016, p. 120.

- Ajoutez à tous ces faits réels les dizaines de milliers d'enfants du baby-boom qui *chaque jour* prennent leur retraite.

De plus en plus de gens se retrouvent à *ne plus* se dire « Bonne journée » au moment où les deux conjoints se rendaient sur leur lieu de travail. Travailler ne signifie plus nécessairement sortir de la maison. Ils sont ensemble plus qu'ils ne le pensaient. Et ils ne sont pas sûrs de ce à quoi cette nouvelle réalité va ressembler sur le plan relationnel. Et dans la pratique.

Lorsque je parle à des groupes de femmes et que je mentionne l'expression « il est à la maison tout le temps », je peux m'attendre à une réponse qui se répercute dans l'auditoire comme une vague humaine dans les tribunes d'un stade de football, le jour d'un match. Chaque femme lève un peu le menton, puis hoche la tête d'un air entendu. « Ah bon. Mmm. Oui. »

Elles ont compris. Nous avons compris.

Et nos maris aussi.

Ce n'est pas toujours, disons que c'est même plutôt rare, une transition qui s'opère en douceur quand deux corps partagent le même air. La même télécommande. La même salle de bain. La même place debout dans la cuisine. Nous avons négocié les premiers pas de danse sans trop de problèmes en tant que jeunes mariés. Nous étions peut-être en train de délirer.

Mais aujourd'hui, alors que de plus en plus de maris et de femmes ont la possibilité de travailler à domicile et essaient de trouver de la place pour deux bureaux, deux chaises de bureau et deux postes téléphoniques professionnels ou des réunions en ligne qui se déroulent simultanément dans ce qui était autrefois une pièce vide…

Mais de nos jours, lorsqu'un conjoint prend sa retraite et réintègre la maison, celle-ci est différente, et les rôles auxquels il a dû renoncer pour servir son pays ne sont pas faciles à récupérer et encore plus difficiles à abandonner…

Maintenant, alors que la retraite ouvre la porte de la convivialité, chaque pièce de la maison semble rétrécir…

Ce qui est intéressant avec le cycle de 24 heures par jour pendant 7 jours, c'est qu'il est sans fin. Ainsi, se retrouver ensemble à la maison n'est pas un phénomène que nous devons apprendre à accepter pour une journée entière seulement. C'est peut-être pour le restant de notre vie.

Et il peut s'agir d'une intimité forcée par une maladie ou une déficience, ce qui est déjà stressant en soi. Ou un licenciement. Ou un changement de politique de toute l'entreprise pour n'utiliser que des ouvriers rompus au télétravail. Ou une pandémie mondiale.

Se retrouver ensemble à la maison n'est pas un phénomène que nous devons apprendre à accepter pour une journée entière seulement. C'est peut-être pour le restant de notre vie.

Tout cela semble mélodramatique, n'est-ce pas ? Si seulement nous exagérions ! Le livre que vous tenez entre vos mains a été conçu bien avant que le mot *pandémie* ne devienne familier. Pour chaque ménage. Certains de ces chapitres ont été écrits au cours des premiers mois où la maladie faisait rage.

Nous pouvons nous lamenter sur l'inconvénient d'avoir un conjoint à la maison pour une durée que nous estimons supérieure à la normale, râler de ne pas avoir l'espace que nous désirons pour poser notre coude, et nous plaindre auprès de celui ou celle qui ressent la même chose de l'autre côté du bar du petit-déjeuner. Ou bien nous pouvons chercher un moyen de survivre, découvrir ce que nos amis font pour gérer les raisons qui les obligent à être trop souvent ensemble et, comme dans notre cas, en faire le contenu d'un livre.

Ce livre donne des conseils et des outils que nous avons rassemblés, des idées auxquelles nous revenons souvent pour cet apprentissage permanent. Nous *pouvons* passer de l'ambiguïté, de la confusion ou de la claustrophobie à la paix et à la vitalité de la relation lorsque les deux conjoints se retrouvent à la maison, que ce soit en raison d'un départ à la retraite, d'une perte d'emploi, de la prestation de soins, d'une mutation, d'un retour, de la création d'une entreprise à domicile, du travail à distance ou de la nécessité de jongler avec le « il est là, tout en étant parti » d'un conjoint dont le travail nécessite de longues périodes d'absence suivies de longues périodes à la maison.

Pouvons-nous coexister sans nous épuiser ?

Pour réussir à vivre dans une telle proximité, il faut apprendre de nouveaux pas de danse qui nous empêcheront de nous marcher sur les pieds lorsque nous serons devant un partenaire qui danse 24 heures sur 24 et 7 jours sur 7 sur un autre air.

Becky

C'était en 1980. Un vendredi après-midi de novembre. Mon mari (que, par souci de clarté, j'appellerai Docteur Câlins) est rentré du travail avec une lettre de licenciement à la main. Il avait été licencié. Ma première pensée a été que nous devions abandonner l'idée d'essayer d'avoir un troisième enfant. Mais le Docteur Câlins (oui, j'expliquerai ce surnom dans un prochain chapitre et, oui, j'ai sa permission tièdement enthousiaste de l'utiliser) m'a assuré que ce ne serait qu'une brève période de chômage technique.

D'accord.

Huit mois plus tard, je me dandinais dans le salon, contournant les jouets de nos deux fils, un panier à linge plein, posé sur ce qui était autrefois un os iliaque. Où était mon mari ? Assis sur le canapé. Pourquoi étais-je la seule à faire tout le travail ? Ne pouvait-il pas voir mes pieds enflés, mon ventre proéminent qui masquait la hanche du panier à linge ?

Je sais ce que vous pensez. *Quel triste sire ! Il n'avait pas bougé du canapé ni levé le petit doigt pour l'aider pendant huit mois. Ressemblant à une baleine échouée, la pauvre femme faisait tout :*

la cuisine, le ménage et la lessive tandis que « Monsieur » restait assis à regarder la télé, inconscient du désordre. Ce n'est pas juste!

Mais peut-être n'est-ce pas tout. En réalité, le Docteur Câlins avait trouvé plusieurs emplois temporaires, s'était inscrit à des cours du soir et attendait d'être embauché. De plus, il avait travaillé à temps plein et suivi des cours à temps partiel pendant les huit années précédentes, alors que moi, j'avais travaillé pendant deux ans et j'avais eu le luxe de rester à la maison avec nos enfants pendant les six années suivantes. Non pas que le travail de mère au foyer soit un luxe de tout repos, mais pour moi, l'option de rester à la maison en est un.

En repensant à cette année, pourquoi ce moment du panier à linge opposé au canapé est-il le souvenir le plus marquant? Pourquoi n'ai-je pas gardé le souvenir des nombreuses fois où nous avons préparé les repas ou des moments où nous nous étions occupés ensemble des enfants? Pourquoi est-ce que je ne pense pas immédiatement au bonheur d'avoir pu passer plus de temps ensemble tous les quatre et demi, ou au bonheur d'avoir eu un homme près de moi qui prenait la relève pour que je puisse reposer mes pieds enflés et faire une sieste, un homme qui m'aimait suffisamment pour se mettre à genoux et m'aider à mettre mes chaussures?

Avance rapide jusqu'en 2017. Nos quatre fils avaient quitté le nid et nous avaient comblés en épousant quatre filles amoureuses, qui nous ont donné quinze petits-enfants. Mon mari avait une clinique de chiropraxie prospère – un changement de carrière qui résultait directement du licenciement qui m'avait arraché tant de larmes. Je travaillais sur mon dix-huitième roman. La vie était belle. Et puis…

Ensemble, nous avons décidé qu'il était temps pour lui de prendre une semi-retraite. Nous en avons parlé, nous avons pensé que nous étions tous les deux prêts. Nous avions une bonne relation. Qu'est-ce qui pouvait mal tourner?

J'ai installé mon espace de travail dans une de nos chambres d'amis transformée en bureau. J'avais l'habitude d'avoir toute la journée et toute la maison pour moi, passant successivement de la table de la cuisine au canapé puis au comptoir avec mon ordinateur portable. Ce nouvel arrangement donnerait certainement satisfaction, non ? J'avais une vue magnifique depuis la fenêtre de ma chambre aux murs couleur vert printemps. En travaillant intelligemment, je pourrais atteindre mon nombre quotidien de mots en seulement deux heures, six jours par semaine. Nous parlions de nos emplois du temps tous les soirs. Le projet était à notre portée.

Et puis vint le jour où, assise à mon bureau, mettant enfin de l'ordre dans mes idées pour commencer à écrire, je fus soudain consciente d'une présence dans l'embrasure de la porte. Le Docteur Câlins se tenait là, attendant patiemment que je lève les yeux, ce que j'ai fait. Il m'a alors simplement dit : « Le petit-déjeuner avec les gars a été annulé, je suis donc à la maison toute la matinée. »

Mes ongles se sont enfoncés dans mes paumes. Les nerfs de mon cou se sont tendus. J'ai essayé de respirer pour me calmer, sans succès. À mon crédit, j'ai simplement hoché la tête. Et j'ai attendu que les mots soient complètement formés dans ma tête. Puis j'ai parlé.

« Je ne pense pas que tu comprennes. Ne saisis-tu pas que cela ne modifie en rien la description de *mon* travail ? Je ne suis pas à la retraite ! Tout ce que j'avais l'habitude de faire en neuf heures par jour, je dois maintenant trouver un moyen de le comprimer dans des blocs minuscules afin d'avoir du temps pour toi. Il faut que j'écrive. Je ne peux pas laisser tomber ce que je fais juste parce que tu es libre. » (Remarquez l'utilisation excessive du pronom personnel de la première personne du singulier.)

Pendant que je me défoulais, le visage de mon mari se décomposa sous le choc, puis sous la souffrance et enfin sous la colère. Ce n'est que bien plus tard que j'ai compris que l'homme me disait simplement que ses plans avaient changé. Il ne me demandait rien en fait. C'est à ce moment-là que j'ai su que je n'étais pas prête à vivre près de lui 24 heures sur 24, 7 jours sur 7. C'est à ce moment-là que j'ai compris que j'avais besoin d'aide.

Pendant des mois, Cynthia et moi avons plaisanté sur l'écriture de ce livre. Je me souviens avoir dit : « Les fiancés vont en consultation prénuptiale avant de dire “je fais le pas!” Pourquoi quelqu'un ne crée-t-il pas une consultation de préretraités pour que ces derniers aussi soient prêts à dire “Oui, je fais le pas!” Toujours. Tout. Le. temps? »

Voilà où se trouve la clé : *le regard que je portais sur mon conjoint.* J'ai honte de l'admettre, mais à un moment donné, une illumination soudaine m'a fait comprendre que mon mari n'était pas l'ennemi. Il n'est pas l'adversaire dans l'histoire de notre vie. Il n'est pas mon rival. Il n'essaie pas de prendre le pouvoir et de dominer ma vie ou notre foyer.

Le plus gros conflit était dans ma tête, dans mon idée que notre maison était *mon* domaine et que *mon* temps devait m'appartenir.

Il est vrai que nous avions des choses à discuter et à régler, mais le plus gros conflit était dans ma tête, dans mon idée que notre maison était *mon* domaine et que *mon* temps devait m'appartenir. C'est un voyage en cours, mais le simple fait de comprendre que nous jouons dans la même équipe m'a transformée d'une plaignante sur la défensive en une femme qui apprécie (la plupart du temps) pleinement le temps passé avec son mari, la flexibilité et la liberté qu'offre la retraite, et l'intimité renouvelée que cette liberté peut apporter.

J'ai hâte de partager mes faiblesses et mes idées fausses avec vous alors que nous apprenons ensemble, avec l'aide de Dieu, à partager l'espace vital (et l'espace mental) avec nos CALM (Conjoints À La Maison).

CHAPITRE 2

L'amour ne cherche pas à savoir qui a nettoyé les toilettes en dernier

~ *Becky* ~

Que faites-vous quand, sans crier gare, un système qui a fonctionné pendant quarante-cinq ans… ne fonctionne plus ?

J'ai été élevé dans les années cinquante et soixante par des parents dont les rôles étaient définis par le genre. Papa travaillait dans un bureau, maman restait à la maison et s'occupait de mon frère et de moi, cuisinait, s'occupait du ménage, faisait les courses, et repassait les chemises, les mouchoirs et les caleçons de mon père.

Je ne suis pas ma mère. Je ne repasse pas les caleçons. Pourtant, pendant plus de plus de 40 ans, Docteur Câlins et moi avions un plan pour savoir qui faisait quoi et quand, des tâches réparties assez équitablement selon les sexes. Même pendant les périodes où je travaillais à la maison ou à l'extérieur, je prenais soin des mêmes choses que ma mère, et Docteur Câlins s'occupait du jardin, des voitures, des réparations de la maison, et du règlement des factures.

Et puis la retraite est arrivée. Je sais, ça fait penser à un raz-de-marée inattendu qui vous submerge. Ce n'est pas que nous n'en avions pas parlé et même longuement et fréquemment. Mais ce n'est qu'au moment où il s'est réellement trouvé à la maison (Tout. Le. Temps.) que la réalité du brusque changement intervenu dans ma vie m'a frappée comme un tsunami. Comment allais-je pouvoir réduire drastiquement sur mon agenda toutes les activités dont j'avais rempli mes journées, de manière à pouvoir profiter du temps libre de mon mari ? Vous êtes probablement en train de me hurler la réponse. Je sais, je sais. *Demandez-lui de vous aider !*

> J'ai eu la chance d'épouser un homme qui était un bon cuisinier. Avant d'avoir des enfants, nous partagions les tâches dans la cuisine, ou nous cuisinions ensemble. Une fois que nos enfants sont arrivés et que les responsabilités professionnelles de mon mari ont augmenté, j'ai pris en charge la fonction culinaire et j'ai appris à nos fils à nous aider. Les hommes ont toujours assumé le rôle de maître du barbecue et, nous avons offert à chacun de nos fils pour leur mariage un nouveau barbecue à gaz. Maintenant que les enfants sont partis et que nous travaillons tous les deux à la maison, nous sommes revenus au partage des tâches (l'un cuisine et l'autre nettoie), ou bien nous cuisinons tous les deux.
>
> — Pam Farrel[1]

Encore une fois, je ne suis pas ma mère. Mais sa voix est toujours présente dans ma tête. Elle enseignait, par la parole et en donnant l'exemple (en puisant dans ce qui relevait plus de la culture pop que des textes écrits), comment servir un homme,

1. Bill et Pam Farrel, *Red-Hot Monogamy. Making your Marriage Sizzle*, Harvest House Publishers, 2006.

comment ne jamais demander quoi que ce soit, comment être (ou du moins se dire être) satisfaite en toute circonstance. Ma mère n'aurait jamais établi une liste de choses à faire !

Ainsi, pendant les premiers jours de la retraite de mon mari, j'ai continué comme avant, en essayant de travailler un peu plus vite et plus efficacement. Puis un beau jour…

Nous avions invité des amis à dîner. J'avais passé la journée à alterner entre le ménage, la cuisine et l'écriture. Maintenant, c'était l'heure de vérité. Il me restait moins d'une heure pour mettre la touche finale au repas, mettre la table, me changer, me coiffer et me maquiller. Je suis navrée de dire qu'avec le recul, je n'ai aucun souvenir de ce que le Docteur Câlins avait fait de sa journée. Peut-être s'était-il occupé du jardin. Ce dont je me souviens, c'est de l'endroit où il se trouvait au moment où ma jauge de pression interne a connu une *surpression.*

Dans. Son. Fauteuil inclinable.

Ne pouvait-il pas voir ce qui devait encore être accompli ?

Je ne pouvais pas taper du pied de manière aussi tonitruante que lorsque j'étais enceinte de huit mois. En fait, je faisais de mon mieux pour tout contenir à l'intérieur et bien bouché… sauf empêcher le claquement d'un couvercle de casserole.

Et puis, juste au moment où le bouchon allait sauter, mon homme est entré dans la cuisine et a dit les six mots les plus magiques de la langue française. Non, pas : « Tu es superbe ! Je t'aime. » Il a dit : « Que puis-je faire pour t'aider ? »

J'avais plusieurs possibilités. J'aurais pu dire : « Je suis dans les temps, mon cher. Regarde autour de toi. Tout est presque déjà fait. » J'aurais pu lui jeter un regard glacial. Mais j'ai fait un autre choix. J'ai jeté mes bras autour de son cou, je l'ai embrassé, et ensuite, avec un petit clin d'œil, et sans mon côté narquois, je lui ai dit ce qui devait encore être accompli.

Banal ? Oui. Mais la grâce et l'humour couvrent une multitude d'indices manqués. Cette petite question a été un tournant pour nous. Pour moi, c'était d'accepter, une fois de plus le fait évident que mon homme ne peut pas lire dans mes pensées.

Comment peut-il savoir que (d'après moi) certaines choses doivent être faites, si je ne le lui dis pas clairement ? Nous n'y arrivons pas toujours, mais nous avons commencé à prendre le temps, la plupart des soirs, de parler de la prochaine étape. mais nous avons commencé à prendre le temps, la plupart des soirs, de parler du lendemain. « Qu'as-tu programmé ? » « Qu'allons-nous faire pour nous détendre ? » « Par quoi faut-il commencer ? » Et puis chacun pose à l'autre cette question aux six mots magiques : « Que puis-je faire pour t'aider ? »

La clé pour une bonne répartition du travail ? Il faut qu'elle vous donne satisfaction. Il n'y a pas qu'une seule bonne façon de bien faire. Mais il en existe une qui est immanquablement vouée à l'échec : la méthode moitié-moitié.

La grâce et l'humour couvrent une multitude d'indices manqués.

Un bon point de départ consiste à se mettre d'accord pour établir une liste principale de tout ce qui doit être fait à l'intérieur et à l'extérieur, puis à préciser et à classer les tâches selon qu'elles sont quotidiennes, hebdomadaires ou mensuelles. Mais traiter chaque élément de cette liste comme une carte à jouer, une pour toi, une pour moi, une pour toi, une pour moi, est un piège pour une future déception.

Pour bien s'entendre, il faut d'abord reconnaître que nous avons des attentes différentes dans de nombreuses situations. En fonction des invités, je peux me dire que l'état de la cour et leur première impression lorsqu'ils arrivent devant la maison sont, pour eux, des choses plus importantes que de rentrer dans une maison impeccable. J'irai donc dehors travailler pour créer une bonne impression de l'extérieur (peut-être même serais-je obsédé par cela) pendant que Becky est à l'intérieur, se demandant pourquoi je ne l'aide pas à terminer ce qu'elle pense être essentiel mais impossible à faire seule.

> La question est de savoir qui décide quant à ce qui est le plus important. Je suis sûr qu'il y a un niveau minimum sur lequel on peut se mettre d'accord à la fois pour l'intérieur et l'extérieur de la maison, et nous devons aider ou au moins permettre à l'autre de se concentrer sur ce minimum. Au-delà de cet accord, nous devons respecter les préférences de chacun et ne pas attendre de nos conjoints qu'ils sacrifient ce qu'ils croient honnêtement important pour venir nous aider dans ce que nous, nous pensons être plus important. Mes besoins et mes préférences ne sont pas plus justes ou plus importants que les siens, et les siens ne sont pas plus justes ou importants que les miens.
>
> — Docteur Câlins

Inévitablement, certains jours, vous aller rayer tout ce qui est sur votre liste, mais lui, il n'a pas touché à la sienne. La poubelle déborde, les empreintes du nez des enfants sont encore sur la vitre de la maison, et le dentifrice est pétrifié dans le lavabo. Mais quand vous avez passé la journée à honorer un délai de travail, à vous occuper d'un enfant malade, ou à soutenir une amie dans sa crise de couple, la dernière chose dont vous avez besoin, c'est que votre conjoint pointe du doigt *votre* liste.

La méthode 50-50 repose sur l'hypothèse que l'équité absolue est réalisable. Et pour y parvenir, nous devons nous surveiller l'un l'autre. Des problèmes en perspective. Un adage convient ici : Je ne suis que le patron de *moi-même*.

Pendant dix ans, j'ai été la secrétaire de bureau et l'assistante juridique de mon mari. Je dois lui rappeler de temps en temps que je ne suis plus sa secrétaire. Chacun de nous a sa propre affaire. Je ne nourris pas son bétail. Il n'écrit pas mes livres. — Maxine R.

Une autre approche de la question « qui fait quoi et quand » consiste à évoquer les goûts, les dégoûts, les points forts et les points faibles de chacun. Peut-être ne supportez-vous même pas de regarder la matière grasse au fond du tiroir à légumes alors que lui a des tripes en titane. Rien ne le fait vomir, et nettoyer le frigo est une aventure de découverte. Ou bien il s'est essayé au jardinage, mais éprouve de la répulsion quand vient le moment de désherber. Vous, en revanche, vous aimez enfoncer vos doigts dans la terre et arracher ces envahisseurs. Acceptez et optimisez vos préférences.

S'il s'agit d'une tâche dont aucun de vous n'aime particulièrement se charger, prévoyez de l'accomplir ensemble : l'un de vous remplit un sac-poubelle avec des frites fossilisées sur le plancher de la camionnette et gratte le jus de raisin déshydraté des porte-gobelets pendant que l'autre passe l'aspirateur.

Le fait d'accomplir ces tâches ensemble fonctionne pour beaucoup de tâches quotidiennes. Le calcul est magique. Deux personnes qui collaborent pour mettre des draps propres sur un lit n'ont même pas besoin de la moitié du temps nécessaire à une personne seule pour accomplir ce même travail. Si vous videz le lave-vaisselle pendant que lui brouille des œufs et fait frire des lardons, vous vous cognez constamment les coudes, mais si vous décidiez que se donner des coups de coude peut être amusant au lieu d'être gênant ? Et si nous profitions de la proximité pour discuter et faire un petit câlin ?

Je dis cela en passant.

J'aimerais ajouter une note de bas de page aux commentaires antérieurs du Docteur Câlins concernant les attentes réciproques. Un jour, en terminant de charger le lave-vaisselle, il a annoncé : « Les assiettes devraient être placées ici, à l'arrière plutôt qu'à l'avant. Vois-tu ? Comme ça, elles ne glisseront pas quand tu sors le panier. »

Saviez-vous que le « syndrome du mari retraité » existe ? C'est une réaction de stress qui affecte globalement les femmes quand leur conjoint cesse son activité professionnelle. Les chercheurs italiens Marco Bertoni et Giorgio Brunello rapportent que près de la moitié des femmes qu'ils ont étudiées et dont les maris avaient récemment pris leur retraite ont connu une augmentation de leur niveau de stress, une dépression et des insomnies, entre autres[2]. Elles ressentent qu'un homme à la maison qui n'a plus d'emploi et qui n'a pas encore découvert un rythme sain de loisirs et d'activités significatives crée un scénario cauchemardesque pour toute la famille. Le syndrome du mari retraité. L'auriez-vous imaginé ? — Becky

Cela fait des décennies que je charge des lave-vaisselle. *De quoi se mêle-t-il ?...* Mais je me suis interdit de pester et décidé de suivre son conseil de placer les assiettes ailleurs. Et devinez quoi ? Il avait raison. Pendant des décennies, j'ai supporté les assiettes qui roulent hors de leur place. Qui aurait cru qu'il y avait un truc tout simple ?

Leçon apprise : c'est *notre* lave-vaisselle. Pas le mien. Et cette même vérité bouleversante s'applique à toute la maison.

2. Marco Bertoni et Giorgio Brunello, « *Pappa Ante Portas* : The Effect of the Husband's Retirement on the Wife's Mental Health in Japan », *Social Science and Medicine*, vol. 175, février 2017, p. 135-142, https://doi.org/10.1016/j.socscimed.2017.01.012.

S'il veut modifier l'emplacement des épices dans le placard, plier les serviettes de bain en trois au lieu de quatre, ou rôtir le chou-fleur au lieu de le cuire à la vapeur, je dois m'arrêter et me demander s'il agit mal ou s'il ne le fait tout simplement pas comme moi.

Cynthia

La répartition du travail ? Est-on censé le partager ? Je ne pense pas que mon mari ait eu ce mémo. Ou si c'est le cas, le texte était écrit dans une langue qu'il n'a pas encore étudiée. Il parle couramment le français. Très couramment. Mais c'est tout.

« J'ai convoqué cette réunion et inscrit à l'ordre du jour… »

Mon mari (qui dans la suite sera connu sous le nom de Supermari pour des raisons que j'expliquerai plus tard, mais surtout parce que Becky et moi avons toutes les deux épousé un homme prénommé Bill) s'est tortillé.

« Tu me vires ? »

« Pas du tout ! » Pause embarrassante. « Attends. Je peux faire ça ? Non, bien sûr que non. Mais il faut qu'on en parle. »

« Je suis toujours désireux d'avoir une discussion sérieuse avec toi, mon amour. Surtout si cela implique que je change quelque chose que je fais. Annonce la couleur. »

Bon, je l'avoue, j'ai inventé cette dernière ligne.

Admettons qu'il ait dit : « Continue. »

« Combien de temps s'est-il écoulé, mon amour, avant que tu avoues que l'une de tes missions au travail consistait à nettoyer les toilettes ? Combien de temps t'a-t-il fallu pour avouer que tu sais très bien t'acquitter de cette tâche ? »

« Un certain temps. »

J'ai incliné la tête timidement sur le côté.

« Vingt-sept ans », a-t-il dit.

Nous avons eu une discussion proche de celle-ci, mais elle a commencé par un entretien sur un moyen d'équilibrer la charge un peu plus équitablement lorsque la compagnie des invités arriverait, un peu comme l'initiation de Becky à ce concept.

Il y a longtemps qu'il m'a confié la cuisine par défaut ; pourtant je pense personnellement qu'il est important d'apprendre à se débrouiller en cuisine au cas où MacDo ou Quick fermeraient leurs portes. Mais parce qu'il y a tellement de détails de dernière minute dans la cuisine quand on attend de la visite ou de la famille élargie, nous savions tous les deux que j'avais besoin d'aide.

Être à la maison tout le temps n'est pas la même chose qu'_être disponible tout le temps._ Cette remarque vaut pour les deux conjoints. Respecter et alléger la charge de travail de l'autre est un cadeau que l'on peut s'offrir mutuellement.

J'ai dressé une liste des 105 tâches de dernière minute et je lui ai offert l'occasion de choisir celles qu'il trouvait les moins offensantes. Nous avons établi une nouvelle tradition. Sans que j'aie besoin de le lui demander, il se charge de passer l'aspirateur sur la moquette et de nettoyer les toilettes. Il ne me reste plus que 103 tâches de dernière minute à accomplir. Un succès !

Et il s'avère que, maintenant qu'il est tout le temps à la maison, je peux exploiter son désir d'être utile lorsqu'il doit se rendre en ville. Cela ne le dérange pas de s'arrêter à l'épicerie, pourvu que chaque article soit clairement indiqué sur la liste. Ce qui le motive, c'est sa recherche d'une bonne affaire. Son regard pétille lorsqu'il peut dire qu'il a économisé vingt-trois centimes sur les spaghettis et qu'il a obtenu deux boîtes de céréales pour le prix d'une.

Et je partage son bonheur.

Mais on ne peut nier que nous ne maîtrisons pas encore les pas de danse qui nous donneront l'impression que la charge de travail est répartie équitablement. La triste vérité, c'est que les tâches ménagères ne prennent jamais leur retraite. Mais la façon dont elles sont réparties doit peut-être changer.

Cependant, comme l'a dit Becky, le but n'est pas d'atteindre une répartition égale. Il est inatteignable et fluctue en fonction de nos calendriers individuels, de nos problèmes de santé, de nos intérêts et de nos compétences. Le véritable objectif est de gérer les attentes lorsque deux conjoints partagent le même espace mais pas nécessairement les mêmes horaires de travail.

Pour nous, les requêtes surprises sont synonymes d'échec. Quand il me demande, à l'improviste, si je peux consacrer « quelques minutes » au projet sur lequel il travaille dans le garage, j'ajuste mes attentes en supposant que ce seront quelques minutes à la puissance dix. Et il ajuste ses attentes en sachant que j'ai besoin d'être prévenue. Si je suis au courant à temps, je peux faire de mon mieux pour réorganiser certaines tâches et me rendre disponible pour son « Voudrais-tu, s'il te plaît… ? »

Être à la maison tout le temps n'est pas la même chose qu'*être disponible tout le temps.* Cette remarque vaut pour les deux conjoints. Respecter et alléger la charge de travail de l'autre est un cadeau que l'on peut s'offrir mutuellement.

Dans quelques cas, votre charge de travail s'équilibre tout naturellement. Pour la plupart d'entre nous, il faudra avoir une discussion à bâtons rompus. L'objectif ne peut pas être l'égalité des charges ou quelqu'un sera toujours déçu. Mais imaginez à quel point l'atmosphère de la maison change lorsque nous nous demandons les uns aux autres : « Que puis-je faire pour alléger ta charge de travail aujourd'hui ? »

Cela vous semble normal, n'est-ce pas ?

Vous vous souvenez peut-être de quelque chose de semblable dans la Bible, lorsque l'apôtre Paul a écrit :

> Aidez-vous les uns les autres à porter vos fardeaux. De cette manière, vous accomplirez la loi de Christ.
>
> (Galates 6.2)

À une époque, je ne pensais pas que ce verset de l'Écriture s'appliquait aux maris et aux femmes, puisque Paul s'adressait à des frères et des sœurs en Christ dans un contexte ecclésial. Puis cela m'a frappé. Mon mari figure dans « les uns des autres ». Il a beau être mon mari, il est aussi mon frère en Christ. Les jours où la partie du fardeau semble plus lourde de mon côté, le fait de me rappeler qu'« il n'est pas lourd, c'est mon frère » m'aide à réaligner mes pensées, comme une danseuse étoile apprend à poser ses pieds dans les empreintes peintes sur le sol du studio.

L'amour nous permet de porter les fardeaux les uns des autres, et non seulement de porter les difficultés des autres, mais aussi d'accomplir le dessein de Dieu.

Le voici à nouveau. Ce mot qui change tout : *amour*.

En tant que préadolescente avec des étoiles dans les yeux, j'ai vu ce grand, sombre gars de sixième année avec les yeux gris doux comme un super-héros. Je l'ai épousé huit ans plus tard, j'ai tendu la main pour tirer sur l'ourlet de sa cape de super-héros pour m'assurer qu'elle était toujours intacte. Mais la cape avait besoin d'être lavée et repassée et avait perdu un peu de son éclat dans l'atmosphère poussiéreuse de la vie.

Un jour, j'ai compris qu'un homme qui est fidèle, qui reste ferme, qui aime et fait des sacrifices, et qui pendant un certain temps a fait des crêpes pour chaque repas parce que mes nausées matinales ne pouvaient pas tolérer l'odeur d'autre chose, est le meilleur genre de superhéros.

Saute-t-il du sommet de grands immeubles ? Non. Mais il m'aime. D'où, Supermari.

J'utilise beaucoup ce sobriquet sur les réseaux sociaux. Quand les gens rencontrent mon Bill, ils disent souvent : « Oh ! C'est Supermari ? » Embarrassant pour lui la première fois. Maintenant, c'est le surnom qu'il a choisi lorsque je lui ai proposé plusieurs options pour ce livre afin que les lecteurs puissent dire si c'est de mon Bill ou du Bill de Becky qu'il s'agit. (Les autres options étaient beaucoup plus gênantes.)
— Cynthia

Même si mon Bill est et sera toujours mon héros, son surnom n'est pas aussi « super-héroïque » que celui de Supermari. Au cours de nos premières années de mariage, nous avons commencé à utiliser des noms mignons dignes de figurer sur les étiquettes des cadeaux de Noël. Aucun de nous ne peut se rappeler quand ou pourquoi, mais il est devenu Câlin et moi Câline. Des années plus tard, après qu'il a obtenu son diplôme de docteur en chiropraxie, j'ai découvert une émission de télévision pour enfants créée au Royaume-Uni appelée *Docteur Câlins*, alors j'ai amélioré son surnom. Je ne l'appelle pas souvent ainsi dans la vraie vie, mais maintenant que le nom est public nos amis l'utilisent. De rien, chéri.
— Becky

CHAPITRE 3

La ligne médiane

Cynthia

Certaines femmes disent qu'un mari perpétuellement présent à la maison peut être ressenti comme une invasion, de leur emploi du temps, de leur intimité, de leur espace, de leur espace mental, de leur domaine. Or, la maison n'est-elle pas censée être un foyer pour les *deux* conjoints ?

Les retombées non médicales d'un confinement obligatoire au début de l'année 2020 ont grésillé les fils des réseaux sociaux. Bien que de nombreux messages fassent référence au terrible bilan de la pandémie sur les personnes et les familles qui souffrent de la maladie et de ses retombées, un certain nombre de messages s'écriaient : « Au secours ! Je suis piégé dans ma propre maison avec *ces* gens. »

L'adjectif « ces » désignait le plus souvent des enfants, des frères et sœurs ou des conjoints, liés par l'amour mais divisés par ce qu'ils percevaient comme une trop grande unité.

Des parents au chômage, des enfants dont l'école avait été fermée, des étudiants renvoyés de leur résidence universitaire…

Dans certains foyers, le mélange de ces trois scénarios a créé des tensions très fortes qui n'avaient rien à voir avec une aventure du type « entassons-nous tous dans la pièce commune pour une durée indéterminée. » Ajoutez-y une inquiétude mondiale palpable, une incertitude paralysante et des menaces financières.

Une configuration parfaite pour les collisions humaines.

À partir de quand « être près » devient « trop près » ? D'après les recherches en psychologie, les conversations intimes se font à une distance d'environ 50 cm. Les conversations informelles se tiennent pour la plupart des gens de manière agréable à une distance comprise entre 60 cm et 1,20 mètres. La communication impersonnelle se déroule à une distance supérieure.

Ainsi, une nouvelle connaissance qui se tient à 30 cm de distance lors d'une conversation en tête à tête déclenche des alarmes internes. Même un ami qui raconte sa journée en se tenant à moins d'un mètre est perçu comme un envahisseur de l'espace personnel invisible de son interlocuteur.

Les personnes très anxieuses ont besoin d'un cercle encore plus large que ces normes.

Même quand l'amour fonde la relation, se passer de déodorant peut mettre mal à l'aise.

Certaines situations, comme les deux conjoints toujours à la maison, les enfants et les parents toujours à la maison, ou trop de personnes dans un espace trop restreint, donnent l'impression d'être dans un ascenseur surchargé. Rares sont les personnes qui *ne* se tortillent *pas* lorsqu'elles sont pressées dans un espace aussi confiné. Où regarder ? Comment respirer ? Qui a mangé de l'ail au déjeuner ? Il y a quelqu'un dans cet ascenseur qui ne croit pas à l'utilité du déodorant.

Même quand l'amour fonde la relation, se passer de déodorant peut mettre mal à l'aise.

Une famille de notre quartier a dû faire face à un problème d'espace pendant de nombreuses années après avoir emménagé dans une vieille ferme avec un conduit de cheminée qui, pour des raisons de chauffage, partait de la cave, traversait successivement, et au beau milieu, le rez-de-chaussée, le premier étage, le grenier et sortait au-dessus du toit.

La présence de la cheminée était encore plus perturbante pour la famille qui occupait la maison depuis peu. Au rez-de-chaussée, elle réduisait le passage principal reliant la cuisine au reste de la maison à un espace qualifié d'intime. Elle réduisait aussi le palier au pied de l'escalier. Elle constituait un obstacle pour une personne qui se rendait d'une pièce à une autre, ou vers les chambres du premier étage.

Malgré cet inconvénient, la famille a vécu là avec un passage de 45 cm, bien loin des normes, entre la cheminée et l'escalier, et avec un passage principal de 45 cm entre la cuisine et tout le reste. Tout cela se traduisait par de multiples embouteillages chaque jour.

La famille élargie se réunissait dans la cuisine, comme c'est le cas de nombreuses familles, ce qui augmentait le nombre d'embouteillages et les rendait plus complexes pendant les vacances. La voie entre le comptoir de la cuisine et la salle à manger imposait une circulation à sens unique. Tout le temps. Même tout simplement pour se rendre à l'évier de la cuisine et boire un verre d'eau.

Les propriétaires ont souvent fait remarquer combien la situation se compliquait encore davantage lorsque le mari, la femme ou un invité se déplaçait en béquilles, avec un déambulateur ou se remettait d'une blessure au dos. Vous imaginez ?

Moi, je le peux.

C'est ma maison.

C'est gênant depuis plus de quarante ans. Nous savons depuis longtemps qu'un passage raisonnable et conforme aux normes doit mesurer au moins 90 cm. *Minimum.* Mais ce n'est que lorsque j'ai fait le lien entre notre passage étroit et le concept d'invasion de l'espace personnel que j'ai compris ceci : *il n'y avait rien d'étonnant à ce que ce soit pire que l'inconvénient mineur de devoir se déplacer en file indienne dans notre maison, avec le besoin d'utiliser des* bip, bip *vocaux en reculant!*

Ne me demandez même pas comment nous avons déplacé les meubles, transporté les matelas, remué les gros appareils électroménagers et porté les valises dans cet espace.

Mais d'un autre côté, c'était un endroit idéal pour accrocher du gui. Il n'y avait pas d'échappatoire.

L'inconvénient de tout cela a pris une tournure positive lorsque mon mari a commencé à dire « Excuse-moi, mon amour » quand nous avions tous les deux besoin de ces 45 centimètres en même temps! L'ajout de deux mots : « mon amour », un terme d'affection, à « excuse-moi », une formule de politesse courante, a transformé les embouteillages fréquents en quelque chose dont nous pouvions nous accommoder un peu plus longtemps. Cette situation a détourné notre attention de l'espace lui-même pour la reporter sur la relation entre ceux qui l'habitent.

Après tout, l'intimité ne se définit pas seulement par le fait d'être ensemble. Nos corps peuvent être très proches les uns des autres. Nos cœurs le sont-ils? Nos attentions? Nos affections?

Nous sommes en phase de construction en ce moment… et ce, depuis six mois, au moment où j'écris ces lignes. Le remplacement de notre chaudière signifie que notre système de chauffage n'a plus besoin de cheminée. Elle a donc été détruite, brique par brique, depuis le toit jusqu'au sous-sol, en passant par le grenier, le premier étage et le rez-de-chaussée.

Je ne m'étendrai pas sur le désordre apocalyptique qui en a résulté et qui m'a accueilli à mon retour d'un long voyage de conférences.

Selon mon mari resté à la maison, il avait déjà tout nettoyé.

Qui suis-je pour me plaindre ou douter de sa définition de *tout*? La cheminée n'est plus là. Et ce trou béant dans le sol où elle se trouvait? Il était prêt à le colmater temporairement un jour ou deux plus tard, m'évitant ainsi de tomber dans le sous-sol en descendant les escaliers le matin.

Tout cela pour en arriver où ?

Les gros problèmes peuvent parfois être atténués par de petits actes de courtoisie.

Lorsque mon homme a commencé à ajouter « mon amour » à son « excuse-moi » toutes les fois où nous avions tous les deux besoin du même espace, les 45 cm d'espace sont devenus encore plus intimes. Dans le bon sens du terme. Qu'il est facile d'associer courtoisie et affection quand on s'adresse à notre CALM !

Becky

« Reste de ton côté ! »

J'avais sept ans, mon frère cinq. Avant l'obligation d'avoir des sièges auto pour enfants et des ceintures de sécurité, l'espace personnel de chacun dans la voiture était imposé par le nombre de personnes dans la famille. Même si je ne l'appréciais pas à l'époque, le fait de n'avoir qu'un seul frère ou une seule sœur était une énorme bénédiction qui me donnait droit à la moitié du vinyle rouge de la banquette arrière de notre Plymouth Fury 1959. Je ne l'appréciais pas parce que de temps en temps, le bout de la chaussure de mon frère ou un crayon de couleur empiétait sur mon territoire. Quelle peste, ce garçon !

Soixante ans plus tard, je devrais être bien au-delà de ces mesquineries. *J'aurais dû* l'être. Mais quand le Docteur Câlins a assemblé son train miniature au milieu du plancher du salon, et l'a laissé là pendant plus d'une semaine, c'est suffisant pour me faire crier : « Reste de ton côté ! »

S'il regarde un film de guerre et que des « *pan ! pan !* » *ou* « *tac-à-tac !* » interrompent chacune de mes pensées, est-ce bien de crier : « Va regarder tes films de jeunesse à l'étage » ?

Comme j'étais la seule fille de la famille, j'avais ma propre chambre, et chaque chose qui s'y trouvait portait une étiquette invisible : *à moi*. Je n'ai jamais eu à partager mes vêtements, mes poupées, mes disques vinyles ou mon espace vital. Je n'avais pas à partager mes amies. Si j'organisais une soirée pyjama et que mon frère s'aventurait sur le territoire des filles, je m'en occupais rapidement avec un seul mot : « Mamannnnnnnnn ! » À l'adolescence, je pouvais débrancher le téléphone de la prise située dans la chambre de mes parents et le rebrancher dans ma chambre, où je me cachais sous les couvertures pour parler de tout et de rien à une amie.

Après le lycée, j'ai vécu chez mes parents et j'ai fréquenté une université locale jusqu'à ce que je me marie et que j'emménage dans un mobile-home de 3,60 mètres sur 18,30 mètres avec mon mari et, à sa grande surprise, mon golden retriever de 12 ans. Trois personnes partageant 65 mètres carrés, avant que les petites maisons ne soient à la mode.

Lors de notre première année de mariage, je me revois assise dehors sur les marches en béton, écrivant dans mon journal, le visage inondé de larmes. Nous nous étions disputés et je ne savais pas que faire de mes émotions. Je ne pouvais pas appeler un ami, notre seul téléphone était posé sur une table basse à côté de son fauteuil. Ma chambre était sa chambre, je ne pouvais pas crier pour que maman lui dise de partir ou accrocher un écriteau « interdit aux garçons » et claquer la porte.

Le journal que je tenais dans mes mains alors que j'étais assise sur la marche s'est avéré une bouée de sauvetage. Même si je n'étais assise qu'à quelques mètres de mon mari, je pouvais me réfugier dans ma propre petite séance de thérapie au moyen d'un stylo et du papier. Je pouvais me défouler jusqu'à ce que ma douleur ou ma frustration soit épuisée et laisser libre cours à ma créativité dans le processus. Un poème de cette époque :

Dans nos mauvais jours,
être seul avec toi
ça peut être gênant,
froid et inconfortable…
Sauf si je m'enveloppe
dans la chaleur
de mes propres pensées.
Il m'est facile
de me perdre
dans des projets insignifiants
quand j'essaie de t'exclure.

Allez-y, riez. Je partage cela non seulement pour prouver que j'étais un poète assez nul dans ma vingtaine mélodramatique, mais aussi pour donner de l'inspiration. Couchez-le sur le papier. Exprimez-vous. Ne vous souciez pas des rimes. C'est étonnant à quel point ce travail peut être cathartique.

> Vivre ensemble dans un espace restreint ne laisse aucune place à la construction de murs. Concentrez-vous plutôt sur la construction de l'amitié.
>
> — Grace Fox, habitante d'un voilier et autrice[1]

Même dans un espace restreint, il existe de nombreuses façons de créer un espace personnel :

- Sortez par votre porte d'entrée, imaginez que vous êtes votre conjoint, puis rentrez. Comment vous sentez-vous ? Chez vous… ou comme un visiteur ? Y a-t-il des endroits confortables pour vous détendre, travailler, créer ? Qu'en est-il de la décoration ? Exprime-t-elle vos

1. Grace Fox, *Moving from Fear to Freedom. A Woman's Guide to Peace in Every Situation*, Harvest House Publishers, 2007.

goûts ou est-elle un peu trop le reflet de votre conjoint ? (J'avoue ici que dans les années quatre-vingt-dix, alors que je partageais mon espace avec cinq hommes d'âges différents, j'ai peint ma cuisine en rose et l'ai agrémentée de papier peint à fleurs. Pour ma défense, c'était le seul clin d'œil à la féminité dans une maison remplie de chaussettes moites, de rats de compagnie et de pistolets à billes.)

- Dans un esprit de coopération (contrairement à l'époque où je traçais une ligne imaginaire au milieu de la banquette arrière), collaborez à la définition d'espaces de travail ou de loisirs distincts en modifiant la disposition des meubles ou en multipliant les espaces de vie (bureau le jour, table basse le soir).
- Définissez les heures de travail et échangez vos idées sur le temps et l'espace nécessaires. Une amie a porté un panier de linge sale devant le bureau de son mari au soussol, a rempli le lave-linge et est repartie avec une brassée de linge propre… pour découvrir plus tard qu'elle avait joué un rôle de figurant dans la visioconférence importante de son mari. Créez des signes – littéraux ou autres – pour faire savoir à votre conjoint que vous êtes « à l'antenne ».

Le bureau de mon mari se trouve dans notre véranda, qui donne sur notre cuisine et notre salle de séjour. Notre maison est un grand espace ouvert, il n'y a donc pas d'espace de vie séparé avec des portes, à part les chambres à coucher et les salles de bain.

Le vendredi après-midi, il a souvent des appels en visioconférence. Il m'est arrivé de sortir pour faire des courses en voiture et, à mon retour, la décharger pour découvrir qu'il était en plein appel. Imaginez-vous en train de porter vos emplettes dans des sacs d'épicerie en plastique bruyants alors que votre conjoint est en visioconférence à 2 mètres de vous. Je me suis retrouvée à marcher sur la pointe des pieds, essayant de sortir la viande et le fromage des sacs et de les mettre au réfrigérateur aussi discrètement que possible, et m'efforçant de rester hors du champ de vision de la caméra, tout en me sentant coupable de perturber royalement sa journée de travail.

— Sarah Forgrave[2]

- *Soyez souple.* Efforcez-vous de tirer le meilleur parti d'une situation qui n'est pas idéale pour la transformer en aventure, si vous décidez de la voir sous cet angle. Dans notre première maison, avec deux chambres et une salle de bain, j'avais un bureau avec une machine à écrire manuelle dans notre grenier mal isolé, inachevé, gelé en hiver et étouffant en été. Je partageais l'espace avec les souris et les araignées, mais c'était le mien. Tout en rêvant du jour où j'aurais mon propre espace de travail confortable, j'ai trouvé une solution qui fonctionnait. Aujourd'hui, les enfants ayant vidé le nid, nous partageons une maison de quatre chambres à coucher qui nous offre un espace de travail suffisant pour tous les deux. Mais la flexibilité et le sens de l'aventure sont toujours nécessaires. Voyez-vous, nous passons aussi des

2. Sarah Forgrave, *Prayers for Hope and Healing. Seeking God's Strength as You Face Health Challenges*, Harvest House Publishers, 2017.

semaines entières dans un camping-car de 10 m. Deux personnes qui se partagent 24 m^2…

Bien que la disposition et l'atmosphère de votre maison soient importantes, je me suis lentement rendu compte, depuis que mon mari est à la retraite, que nous n'avons pas nécessairement besoin de changer les meubles de place pour créer un espace pour l'autre. Parfois, nous devons réarranger nos attitudes et nos réactions. Créer de l'espace mental peut compenser le manque de mètres carrés étiquetés comme *miens*. Voici quelques conseils que j'ai trouvés utiles pour créer de l'espace dans votre tête pour la personne avec laquelle vous partagez votre maison :

Nous n'avons pas nécessairement besoin de changer les meubles de place pour créer un espace pour l'autre. Parfois, nous devons réarranger nos attitudes et nos réactions.

- *Prier*. Remettez tout entre les mains de Dieu. Il est assez grand pour s'en charger… et pour vous donner la grâce de changer votre perspective. Des années après avoir tenu un journal dans notre première maison ensemble, j'ai découvert la thérapie de guérison que constitue la tenue d'un journal de prière dans lequel je déverse mon cœur à Dieu et enregistre ses réponses. Souvent, le simple fait d'écrire suffit à changer la situation ou mon attitude à son égard. Relire mes propres mots me permet de voir où l'orgueil et l'égoïsme se sont faufilés et me donne le répit dont j'ai besoin pour trouver le courage de m'excuser ou d'en parler. Consigner vos prières dans un journal vous permet également de regarder en arrière et de célébrer les compétences que vous avez acquises tout en vous adaptant à une nouvelle façon de penser.
- *Partir*. Non, pas de façon permanente. Faites un tour en voiture, à pied ou prenez un déjeuner avec un ami, un

ami qui vous écoutera et fera preuve d'empathie, mais ne nourrira pas votre insatisfaction. Un ami qui vous aidera à voir la personne avec laquelle vous vivez comme un merveilleux cadeau.

- *Se connecter.* Écoutez de la musique. La musique a le pouvoir de nous élever au-dessus de nos circonstances encombrées et de nous remplir d'une joie inexplicable. Les cantiques de louange, ou les vieux tubes qui nous rappellent les premiers jours de notre liaison amoureuse, modifient littéralement les substances chimiques qui irriguent notre cerveau.
- *Se déconnecter.* Investissez dans une boîte de boules Quiès ou des bouchons en mousse. J'ai essayé trois sortes différentes jusqu'à ce que je trouve ces miracles de mousse PVC qui reprennent lentement leur forme, mais qui sauvent le mariage. Ils éloignent les ronflements ainsi que les informations du soir si vous ne pouvez pas supporter ce qui se passe dans le monde. Je vous recommande également une paire d'écouteurs de qualité ou un casque antibruit. Pendant les cinq semaines où nous avons vécu dans un espace de 25 m^2 l'année dernière, les livres audio et les podcasts nous ont donné l'espace mental dont nous avions besoin pendant que nous partagions des espaces réduits.
- *Servir.* Un acte de pur amour, même si nous n'en avons pas envie, peut adoucir nos cœurs. Préparez son repas préféré, proposez-lui spontanément un massage des pieds, invitez votre CALM à un rendez-vous, faites une de ses corvées ménagères. Il y a de fortes chances que cela vous apporte un peu de gratitude et d'affection. Mais même si ce n'est pas le cas, un acte accompli par amour pour Jésus est bon pour l'âme.

Il y a des années, j'ai rencontré une femme qui faisait partie de l'équipe de jour à son travail, tandis que son mari travaillait dans l'équipe de nuit et dormait pendant la journée. « Cela doit être très dur pour votre mariage », lui ai-je dit. « Pas du tout, me répondit-elle, c'est la seule façon de pouvoir nous entendre ! »

C'est drôle, oui. Mais malheureusement, de nombreux couples n'ont pas trouvé de moyens constructifs pour que leur vie commune fonctionne, alors tracer une ligne au milieu pour les séparer semble être la meilleure solution. Cynthia et moi espérons que nos suggestions pourront servir de tremplin pour que vous et votre conjoint trouviez des moyens d'effacer les lignes de démarcation tout en trouvant un espace personnel sain. Et n'oubliez pas que nous avons peut-être passé l'âge de crier « Mamannnnn ! » quand les choses ne vont pas comme nous le voulons, mais que nous avons un Père céleste qui attend de nous répondre quand nous crions « Papaaaaa ! »

J'écris des livres pour gagner ma vie, ce qui signifie que je travaille à domicile. Vous avez probablement entendu parler d'auteurs qui vont dans des cafés et concoctent des histoires incroyables au milieu de tout le bruit et de la distraction de leur café préféré. Ce n'est pas mon cas. J'ai besoin de calme. Pas de musique. Pas d'interruptions.

Puis mon mari a pris sa retraite. C'est la personne que je préfère au monde entier, alors sa présence à mes côtés tout le temps était quelque chose que j'attendais avec impatience. Mais la pièce où je me réfugie pour écrire n'a pas de porte.

Après six mois de présence à la maison, nous n'avons toujours pas réglé ce problème. Nous avons compris qu'il est plus facile (et moins cher) de réparer nos attitudes que d'installer une porte.

— Tessa Afshar, autrice et conférencière

CHAPITRE 4

Je n'ai jamais été un oiseau de nuit, mais c'est le seul moment où je peux être seule

Becky

J'avais quelques instants avant de me lever pour prendre la parole à un déjeuner de Noël, alors je me suis assise à côté d'une femme que je connais depuis des années. Les questions habituelles « Comment allez-vous ? » ont suivi. Lorsque je l'ai informée que le Docteur Câlins était sur le point de prendre sa retraite, sa main a glissé sur la mienne. « Oh… »

Le regard de pure sympathie dans ses yeux a été ma première introduction au club IMTLT [Il est à la Maison Tout Le Temps], ce groupe de femmes dont Cynthia a parlé au chapitre 1 et qui lèvent un peu le menton, puis hochent la tête d'un air entendu. « Ah. Mmm. Je comprends. »

Maintenant que je suis membre à part entière de cette sororité de femmes empathiques, j'aimerais vous faire part de l'histoire de certaines de mes sœurs pour que vous sachiez que, si vous et votre conjoint êtes à la retraite, sur le point de l'être ou si, pour une autre raison, vous êtes tous deux à la maison – souvent – vous n'êtes pas les seules.

Commençons par la femme qui m'a pris la main. « Chaque fois que je prends les clés de la voiture, dit-elle, il est là. Comme un chiot quand on fait claquer sa laisse. Je ne peux pas aller à l'épicerie seule. Je ne peux pas me faire coiffer sans qu'il me suive. Si je veux déjeuner avec un ami, je dois trouver le moyen de lui dire avec tact qu'il n'est pas invité. »

Voici quelques-unes des autres femmes de ce club, avec leurs propres histoires à raconter.

Kiley

Kiley et son mari sont mariés depuis quatorze ans. Elle était vérificatrice de logiciels lorsqu'ils se sont mariés. Aujourd'hui, elle fait l'école à la maison pour leurs trois enfants et gère une petite boutique de revente en ligne. Au moment où je lui ai demandé ce qu'elle pensait d'une vie commune 24 heures sur 24 et 7 jours sur 7, son mari en était au neuvième mois de travail à domicile à plein temps. Après avoir passé des années à faire la navette, ils sont reconnaissants pour le trajet qu'il fait maintenant, de leur lit à la chaise de bureau dans leur chambre.

Kiley déclare : « Nous comparons souvent notre vie à l'époque des pionniers, lorsque maman sonnait la cloche du souper et que papa rentrait des champs pour déjeuner et l'embrasser avant de retourner au travail. Pour nous, cela semble juste. Nous sommes parfaitement heureux. »

Elle reconnaît volontiers que lorsqu'ils sont passés à ce style de vie et de travail, ils ont éprouvé quelques difficultés. « J'étais toujours la gestionnaire de tout ce qui concernait la maison et les enfants. Si quelqu'un avait besoin d'un rendez-vous chez le dentiste, je le prenais et veillais à ce que la personne arrive à l'heure avec les dents fraîchement brossées. J'étais heureuse d'être la “coordinatrice en chef de la maison”. Mais maintenant que nous sommes constamment en famille, la vie (et la prise de rendez-vous) est différente. Nous devons tous nous occuper des affaires de l'autre 24 heures sur 24, 7 jours sur 7.

Si quelqu'un dans la maison éternue, nous sommes assurés de recevoir quatre "À tes souhaits!" retentissants. »

Lorsqu'elle a dû aller à des séances de kinésithérapie trois fois par semaine, Kiley a poli son badge de coordinatrice en chef de la maison et s'est mise à la coordination. Elle pouvait perturber le moins possible les horaires de travail de son mari en mettant les enfants à leurs devoirs, en lui disant qu'elle reviendrait bientôt et en se rendant à son rendez-vous. Facile.

Trop facile.

Puis vint le jour où son mari avait prévu de s'absenter à l'heure où elle devait partir. Elle géra ce chaos en arrangeant une visite de mamie à la dernière minute. Rendez-vous : pris. Plans du mari : indemnes. Crise évitée.

Faux.

« Elle est arrivée, dit-elle. La "discussion" sur le calendrier... et j'utilise ce mot à la légère. Mon mari, l'homme que j'aime et que j'adore, s'est donné l'accès à mon calendrier en ligne. Il connaissait désormais l'heure de chaque rendez-vous chez le dentiste et le médecin, de chaque sortie de classe, de chaque anniversaire et de chaque événement. J'étais sous le choc. J'étais en colère. J'étais blessée. Je n'avais rien de particulièrement intéressant sur mon calendrier, et certainement rien à cacher. Mais pendant quatorze ans, j'avais tout géré, et voilà qu'il essayait de prendre le contrôle. Après tout, quel est le but d'une mère dans la vie si ce n'est d'être la coordinatrice de toutes choses? Nous avons "discuté". Et "discuté". Et "discuté". »

Pendant environ une semaine après leur « discussion », Kiley dit avoir, de manière passive-agressive, partagé à son mari les moindres rendez-vous, entraînement et sortie. Elle a encombré son agenda de rappels pour la Chandeleur ou Mardi gras. Il voulait savoir ce qu'il ratait, il n'allait pas être déçu!

Sandy

Sandy et moi sommes amies depuis plus de quarante ans, nous avons traversé toutes les épreuves de l'éducation des enfants et toutes les étapes du mariage. Ses sages paroles m'ont permis de me sortir de certains moments où je me demandais si j'avais vraiment épousé la bonne personne. Sandy aime tendrement son mari. Mais quand il a pris sa retraite…

« Nous avions notre maison de vacances pendant des années, dit-elle. Il a toujours aimé partir seul ou avec l'un de nos garçons pour des week-ends de chasse ou de pêche. Maintenant, alors qu'il dispose de tout le temps du monde, ne peut-il pas partir sans moi ? Quoi ? Il prétend se rendre compte qu'il n'a pas toujours été là pour moi au fil des ans, alors il veut se rattraper. Il veut qu'on soit plus souvent ensemble. Mais il est à la retraite. Qu'est-ce que ça veut dire "plus" que 24 heures sur 24, 7 jours sur 7 ? Je me sens prise au dépourvu. Je sais que ses intentions sont bonnes, mais il m'étouffe. Comment lui dire : "Tu me rends folle" sans le blesser ? »

Nancy

Nouvellement mariée à son second mari lorsque je l'ai rencontrée, Nancy avait passé quarante-deux ans comme mère au foyer, avant le décès de son premier mari. Je l'ai interrogée sur les problèmes propres aux jeunes mariés sexagénaires qui restent ensemble à la maison tout le temps.

« Jean était déjà à la retraite lorsque nous nous sommes rencontrés. Un second mariage, surtout à un âge avancé, n'a pas l'historique des schémas et des réactions propres aux mariages de longue durée. J'ai notamment eu du mal à m'habituer à ce que quelqu'un me surveille pendant que je travaille sur des projets ou que j'entretiens la maison. Être surveillée de près peut parfois donner l'impression d'étouffer. Même si je sais que sa prévenance a pour but d'éviter que je ne me surmène ou ne me stresse physiquement, c'est malgré tout difficile à vivre. »

Les solutions des sœurs du club IMTLT

Kiley déclare : « Après avoir compris que mon mari ne mordrait pas à l'hameçon passif-agressif, nous avons adopté une approche qui ressemblait beaucoup plus à une discussion au sens traditionnel. La solution immédiate a été de faire en sorte que mon agenda ne soit visible que par moi. »

« Je ne comprends toujours pas pourquoi cela me dérangeait qu'il ait accès à mon agenda. Il était bien trop occupé pour vouloir coordonner les aspects banals de nos vies. Le fait que la tenue du calendrier familial soit à nouveau de ma responsabilité m'a donné l'impression que je ne risquais pas de perdre la personne à laquelle je m'identifie depuis tant d'années. J'ai compris à ce moment-là que je n'avais pas été logique. Je suis simplement reconnaissante que mon mari ait permis à la grâce de remplacer son agacement. »

Que fait Kiley maintenant ? Elle lui partage tous les rendez-vous importants de sa journée de travail, mais conserve sur son propre agenda les rendez-vous et événements quotidiens. « Dieu l'a peut-être désigné comme le chef de famille, mais il m'a volontiers confié la tâche de coordinatrice en chef de la maison. Après tout, mon mari sait que je le préviendrai lorsque Mardi gras approchera. Jusqu'à notre prochaine “discussion”, nous sommes de nouveau parfaitement heureux. »

Sandy et son mari ont consulté un conseiller. Dans cet environnement sûr, avec un médiateur de confiance pour les guider, elle a pu dire : « Tu me rends folle ! »

Le résultat ?

« J'ai compris que nous voulions la même chose dans notre mariage : nous aimer l'un l'autre, dit Sandy. J'ai également admis que je devais modifier certaines choses concernant mon attitude et ma perspective. Après avoir réfléchi et écouté le Seigneur, je suis plus à l'aise pour l'inclure dans mon espace, mon temps, mes films et mes émissions de télévision. (Il regarde les émissions de décoration avec moi maintenant !) »

Après beaucoup de discussions… et encore des discussions… Sandy et son mari en sont arrivés à un point où elle peut lui dire qu'elle a envie de se promener seule et il est d'accord. Elle attribue au conseil professionnel le mérite de les avoir aidés à naviguer en eaux troubles. « J'ai des amies qui ont perdu leur mari trop tôt, dit-elle. Je tiens à ce que nous profitions pleinement de cette période. »

Pour Nancy, « la plupart de nos conflits sont dus à une mauvaise communication. Prendre le temps d'écouter et d'expliquer clairement les choses est fondamental. Trouver un équilibre entre le temps passé ensemble et des activités individuelles nous aide à apprécier les moments passés ensemble. Le conseil que je donne aux autres est le suivant : chaque fois que c'est possible, faites ensemble certaines des choses de votre liste. La vie est courte et peut changer si vite. »

Prendre le temps d'écouter et d'expliquer clairement les choses est fondamental.

Après quarante-huit ans de travail à plein temps, je me suis enfin senti libéré de mon fardeau. J'étais à la retraite. J'ai franchi la porte d'entrée avec le sentiment que je pouvais enfin commencer à jouir du fruit de mon travail. Je me suis alors rendu compte que c'était comme si j'essayais de m'engager sur une autoroute à plusieurs voies très fréquentées. Métaphoriquement, je demandais à Becky de se ranger sur le côté et de me faire de la place. Je m'interposais au milieu de son monde. C'est beaucoup lui demander que de changer sa vie sur un coup de tête et, du jour au lendemain, de prendre un tout autre tournant. Elle a fait preuve de beaucoup de grâce malgré le choc qu'a subi son univers.

— Docteur Câlins

(Ajout de Becky : Le Docteur Câlins fait preuve de beaucoup de bonté en disant que j'ai géré la transition avec grâce ! Comme indiqué précédemment, ce n'est pas le cas.)

Cynthia

C'est une vérité universellement acceptée que la façon dont nous sommes individuellement câblés par notre Créateur améliore et complique à la fois nos relations. Nos différences nous équilibrent, appuyant ce que je dis parfois à mon mari : « Ensemble, nous formons un être humain plutôt convenable. »

Mais ce qui est différent dans la façon dont nous sommes câblés, parfois de façon polaire, peut aussi faire du mariage un sujet d'étude sur la compensation, la négociation et les solutions de rechange.

Le mariage est un voyage en mer. Aucun marin ne fixe un cap et ne réussit à naviguer sans apporter constamment des corrections et des ajustements mineurs imposés par le vent, la météo, les courants, la houle, les dangers cachés et les difficultés inattendues.

Si elles sont ignorées ou mal gérées, nos différences deviennent une source de frustration.

L'un des principaux domaines de mécontentement potentiel est le décalage d'idées, souvent ignoré, puisque-nous-nous-aimons-où-est-le-problème, sur la question suivante : « À partir de quel niveau cultivons-nous trop ou pas assez d'intimité, ou juste la bonne mesure ? » Notre mariage a traversé des périodes où nous avons dû travailler dur pour équilibrer notre besoin d'être ensemble et notre besoin d'être seul. Les solutions ne sont pas venues toutes seules. Elles le font rarement. Et au fil des ans, ces besoins ont changé pour l'un d'entre nous ou pour les deux :

- *La brume des jeunes mariés* : « Bébé, bébé, bébé, je ne veux jamais te perdre de vue ou laisser une distance entre nous. Par exemple, si je ne peux pas te toucher maintenant, c'est que tu es trop loin. Partageons un lavabo quand nous nous brossons les dents ensemble. On n'a pas besoin d'un lit double. Nous deux dans un sac de couchage, c'est le paradis. »
- *Les jours où le bébé s'annonce* : « Chérie, je t'aime, mais ne peux-tu pas arrêter de faire ça ? » « Arrêter quoi ? » « De soupirer. Tu fais bouger le lit et ça me donne la nausée. »
- *La phase des jeunes enfants dans la maison* : « L'intimité ? C'est quoi ? On est en mode survie. On n'a pas eu de soirée d'amoureux depuis… avant que je perde les eaux. »
- *La folie avec des ados et des tout-petits dans la maison* : « Que fais-tu dans le dressing, chéri ? Quoi ? Tu as une télé là-dedans ? Et une cafetière ? Y a-t-il encore de la place pour moi sur ce canapé-refuge ? »
- *Les rotations au travail* : « Bonjour. » (Baiser furtif.) « Merci. Je vais me coucher. » « J'ai chauffé ta place. »
- *Mal-être après une perte d'emploi* : « Que fais-tu ? » « Je te regarde travailler. » « C'est flippant. Tu n'as pas quelque chose à faire dehors ? » « Je l'ai déjà fait. »
- *Le travail à domicile* : « Rude journée au travail. » « Oui, moi aussi. » « Mais tu es à la maison ! » « C'est justement ce qui est dur. » « Oui, d'accord. Mais ce n'est pas pareil. » (Regard dans le vide.)
- *Le souci de santé qui s'effiloche* : « Je vais faire un tour, chéri. » « Je vais chercher mon manteau. » « J'y vais toute seule. » « Est-ce sage ? » « J'ai besoin de temps pour réfléchir. Seule. »

- *Labyrinthe du protecteur* : « Où vas-tu ? » « Je vais chercher le courrier, chéri. Je ne serai pas absente longtemps. » « Mais si j'ai besoin de toi ? » « J'ai mon portable sur moi. Tu peux m'envoyer un SMS ou m'appeler, mais te rends-tu compte que la boîte à lettres n'est qu'à 10 mètres de la maison ? » « Oui, mais [gémissement douloureux] si j'ai besoin de toi ? » *Et si j'avais besoin que tu n'aies pas autant besoin de moi ?*
- *Un autre malaise lié à la perte d'emploi* : « Pourquoi n'appelles-tu pas Ralph pour qu'il t'accompagne à la pêche ? C'est une belle journée. » « Je n'ai pas envie de pêcher. » « Depuis quand ? »
- *La mayonnaise de la semi-retraite* : Puisque les choses doivent être brisées, ajoutées et parfaitement mélangées pour faire une bonne mayonnaise – « Ne pourrait-on pas faire quelque chose ensemble aujourd'hui ? » « Quoi, par exemple ? » « Faire un tour en voiture. » « J'attends un appel virtuel à dix heures. » « Allez, viens ! » « Pourquoi pas à trois heures ? Je suis libre à ce moment-là. » « Pas moi. » « Qu'as-tu prévu ? Ah, oui. Ta sieste. »
- *Réévaluation de la retraite* : « Rien n'est plus pareil maintenant, n'est-ce pas ? » « Non, absolument rien. » « On va devoir tout repenser, n'est-ce pas ? » « Oui, j'en ai bien l'impression. » « Veux-tu qu'on aille manger une glace et qu'on parle ? » « Mon club de lecture se réunit dans 20 minutes. Ici. À la maison. Tu devrais mettre un pantalon. »

Ce n'est pas pour rien que j'ai laissé de côté les saisons de basket, de football et de tours cyclistes dans la liste ci-dessus. Comme dans beaucoup de foyers, mais pas tous, mon mari et moi apprécions très différemment les événements sportifs télévisés. J'aime regarder un match de football une fois par semaine environ, surtout s'il s'agit d'une équipe qui me tient à cœur. Mais je me contente de regarder les deux dernières minutes d'un match de basket. Pour moi, les matchs de basketball télévisés sont un flux continu de bruits de foule, de commentaires répétitifs et de chaussures qui grincent. Quant à la retransmission d'une course cycliste, elle se résume pour moi à « rien ne se passe, rien ne se passe, rien ne se passe, rien ne se passe, arrivée, brève pause, une autre course le lendemain. »

Mon mari est particulièrement doué pour trouver un jeu de ballon qui l'intéresse. Il me dit que je devrais être reconnaissante qu'il n'aime pas le handball. Je pourrais considérer son obsession comme une occasion à saisir d'avoir du « temps pour moi toute seule ». Tous ceux qui partagent le même espace toute la journée ont besoin de centres d'intérêt individuels et d'une pause l'un de l'autre (oui, même les jeunes mariés). Mais trop souvent, j'ai considéré son hobby sportif comme un éloignement intentionnel de sa part. Je travaille à changer ma perception sur ce sujet. Et si c'était sa version du temps dont il peut jouir seul ? Pourquoi lui en voudrais-je de son besoin d'espace sportif mais attendrais-je de lui qu'il respecte mon besoin de temps seul avec un bon livre, de la musique classique et du thé ?

Nos personnalités, nos capacités en matière de rapport entre la solitude et la vie commune et nos choix en matière d'activités de détente « dignes de ce nom » seront naturellement différents et nécessiteront des compromis.

Le mariage a toujours été un exercice d'équilibre. Et il peut changer d'un jour à l'autre. Lorsque ma mère est morte, j'ai eu envie de poser mon visage sur la poitrine de mon mari, de me fondre dans la chaleur de sa force et la puissance de son étreinte. Une semaine plus tard, j'avais besoin d'un moment de calme et de solitude pour comprendre ce qui s'était passé. Ma mère était partie. Une partie de ce cheminement émotionnel voulait que je le fasse en solitaire.

L'auteur Kathi Lipp suggère : « Nous ne sommes pas faits pour être avec nos proches 24 heures sur 24, 7 jours sur 7. »

Notez qu'elle ne fait pas référence aux personnes en général, mais à « nos » familiers, ceux qui nous sont les plus proches, ceux que nous choisissons, ceux à qui nous avons promis une vie entière d'amour et de respect, de fidélité et de dévouement.

Nous avons tous besoin de temps pour réfléchir. Du temps pour travailler sur les questions qui nous lient individuellement au Dieu que nous servons. Du temps pour nous détendre, nous regrouper et nous adonner à des passions que notre conjoint ne partage pas ou qu'il trouve tout juste répugnantes.

> La clé de la retraite est d'en parler avant qu'elle n'arrive. Pour les personnes qui travaillent à l'extérieur de la maison, la vie de famille se limite au week-end. Ce ne sont pas les tâches quotidiennes qu'il faut faire, les routines quotidiennes qu'il faut établir. J'ai travaillé à la maison presque toute ma vie. Chuck est allé au bureau toute sa vie professionnelle. Après sa retraite, j'avais toujours besoin d'écrire. J'avais encore besoin d'aller à mes réunions, à la gym, au magasin et à toutes les autres choses qu'il ne m'a jamais vu faire. J'ai dû expliquer pourquoi je lisais en déjeunant. J'avais besoin d'expliquer pourquoi je ne parlais pas quand j'étais devant l'ordinateur. Il devait me dire comment il concevait la maison. *Avant.*
>
> — Gayle Roper, romancière[1]

Sans temps pour soi, le temps passé ensemble peut s'étioler. Lorsque nous développons et explorons la vie individuellement, nous apportons quelque chose de nouveau à la conversation à table. Lorsque nous participons à des activités et à des

1. Gayle Roper, *A Widow's Journey. Reflections on Walking Alone*, Harvest House Publishers, 2015.

intérêts qui remplissent nos âmes et nos réserves d'histoires, nous offrons à notre partenaire une expérience plus complète.

Trouver du temps et de l'espace pour les moments où l'on n'est pas ensemble peut être aussi simple que de mettre des écouteurs ou un casque pour créer une distance virtuelle ou, comme le dit Becky, aussi intentionnel que de réserver un coin de la véranda pour la lecture ou de créer une salle de sport dans le sous-sol, de l'équiper en caverne d'homme et d'un cabanon pour elle, ou même de trouver du temps pour une courte escapade en solo pour chaque conjoint.

Sans temps pour soi, le temps passé ensemble peut s'étioler.

Sans se culpabiliser. Sans craindre que si l'un a besoin de l'autre à un moment donné, ces moments en solo constituent une menace malsaine pour la relation. Le besoin de temps seul n'est pas spécifique au sexe. Il a besoin de son temps. Elle a besoin du sien. La mesure dans laquelle ce besoin se manifeste est individuelle et unique. Mais le fait d'honorer et de respecter ce besoin bien réel est peut-être le geste le plus sain que nous puissions faire pour préserver le dynamisme et la vitalité de notre mariage.

CHAPITRE 5

Télévision ou pas ? Comment gérer les différences en matière de détente ?

Cynthia

Le sport télévisé est l'une de ces énigmes qui exige de la prudence quant à ce que l'on demande. Je l'ai appris à mes dépens. Un hiver, notre fournisseur de services par satellite a supprimé les chaînes sportives préférées de Supermari en raison d'un problème de négociation. Il n'avait d'autre choix que de regarder la retransmission télévisée de tournois de pêche à la truite et les rediffusions de tout ce que nous avions déjà vu. Comme je l'ai dit, soyez prudente quant à ce pour quoi vous priez.

Je l'ai indiqué au chapitre précédent, la passion de mon mari pour les sports télévisés est d'un tout autre ordre que la mienne. Il adore le sport. Ce n'est pas du tout mon cas.

Bien.

Je n'avais pas vraiment conscience de *prier* pour que mon CALM se sente obligé d'arrêter de regarder un flux constant d'émissions sportives, entrecoupé de reportages sur la pêche, la chasse et la survie, qui comptent probablement techniquement comme des sports à part entière.

Imaginez donc ma surprise lorsque, pour des raisons de santé publique et de confinement, tous les sports ont été stoppés net cette année-là. Tous les sports.

Supermari a passé plusieurs jours dans son fauteuil avec la télécommande pointée sur l'écran de télévision désespérément vide. Quel choc pour son système nerveux !

À vrai dire, le manque de divertissement sportif n'avait pas plus d'importance pour lui que ce qui se passait dans le monde. Il se souciait bien plus de nous garder en sécurité et de subvenir à nos besoins, de me protéger et de traverser la période troublée avec nous, main dans la main, émotionnellement parlant.

Mais rester à la maison plus longtemps que nous ne l'avions déjà fait posait de nouveaux défis sans le passe-temps de mon mari, qui regardait les sports.

Ce n'était pas une leçon vitale pour lui. (Ou si c'était le cas, c'est à lui de le raconter.) Mais pour moi, c'en était une pour adapter mon attitude.

Je m'intéresse plus particulièrement aux résultats de quatre équipes sportives. Lorsque l'une d'entre elles connaît une bonne saison, je m'y intéresse généralement de très près. (Oui, ma femme dirait probablement qu'à cause de cela, il y a, la plupart du temps, la retransmission d'un match en cours dans notre maison, bien qu'elle aurait dû ajouter les manches et les parties, puisque j'apprécie également de regarder les parties de golf et les tournois de tennis.) Puis soudain, au milieu de la saison, plus de matchs. Pas de championnat. Le sport s'est volatilisé presque du jour au lendemain à cause des virus et de leurs conséquences sur la santé mondiale. J'ai eu l'impression de perdre des équipes entières d'amis par procuration.

— Supermari

Oh. C'est plus clair maintenant. — Cynthia

Le foyer dans lequel se retire la victime du licenciement n'est-il pas censé amortir le coup qu'elle encaisse ? Dans les sociétés agricoles, depuis le début des temps les plus reculés de l'Histoire, la maison était à la fois un refuge et un lieu de travail. Il en va de même pour de nombreuses carrières artisanales. Peut-elle encore être à la fois lieu de travail et havre de paix lorsqu'un couple travaille à domicile ou gère ensemble une entreprise depuis un bureau à domicile ?

Quelle que soit la situation qui place un mari et une femme dans le même espace pour de longues périodes, ou pour le restant de leur vie, comment maintenir l'intimité que Dieu applaudit, sans perdre l'individualité et les centres d'intérêt que Dieu a placés en nous ? Comment créer un espace mental et émotionnel favorable à l'accomplissement des choses qui nous rechargent sans, pour autant, créer de distance mentale ou émotionnelle ?

Que faire si l'un d'entre nous a du mal à rester assis calmement et que l'autre s'est pris d'affection, ou plutôt d'attachement, pour la télécommande et son fauteuil inclinable ?

Que se passe-t-il si le domicile qui était un sanctuaire tranquille et glorieux pour l'un des partenaires est soudain envahi, jour et nuit, par le bruit de la télévision ou par la cacophonie d'un conjoint qui a maintenant le temps de s'adonner à la guitare, au saxophone, au piano, à la batterie ou à la cornemuse ?

Le séjour prolongé dans un fauteuil inclinable est-il un endroit légitime pour se détendre, et le fait de végéter devant la télévision un droit inaliénable ? Le shopping en ligne est-il une activité récréative ou un vice ? Si un conjoint trouve du réconfort et de la détente en faisant de la poterie et que l'autre est allergique à l'argile, est-ce une situation « tant pis, c'est triste » ?

Les habitudes ou les passe-temps peuvent déraper en différences irréconciliables. Que pouvons-nous faire pour éviter que cela ne se produise? Ma mère, souvent privée de sommeil et fatiguée d'une manière que je ne pouvais pas imaginer avant d'avoir atteint comme elle un âge plus avancé, semblait ne pas apprécier les tentatives de mon père pour se détendre, surtout lorsqu'il s'agissait de télévision. Tous deux se consacraient à leurs carrières respectives. Maman et papa s'aimaient et avaient chacun de l'estime pour la profession de l'autre. Mais l'ambiance : « C'est impossible qu'il soit aussi fatigué que moi », imprégnait parfois la maison de mon enfance.

Mal à l'aise avec la tension que cela créait dans une atmosphère par ailleurs respirant l'amour, j'ai un radar intégré qui m'avertit de garder mes attentes sous contrôle, et de résister aux réactions de ressentiment envers mon mari qui est maintenant toujours à la maison et qui a une bosse en forme d'homme dans son fauteuil. Nos besoins et nos moyens de détente ne doivent pas nécessairement correspondre. Nos niveaux d'énergie sont différents parce que nos gènes, notre héritage, nos traditions et nos corps physiques sont différents par leur conception divine. Nous avons passé notre enfance dans la même ville, mais pas dans la même maison. Nos cerveaux, nos cœurs, nos poumons, nos muscles, nos systèmes nerveux, nos paupières, nos lèvres et nos ongles de pied sont complètement différents. Pourquoi penserions-nous que nos loisirs devraient se correspondre?

Pourquoi penserions-nous que nos loisirs devairent se correspondre ?

Mais si mon loisir interfère avec le sien, ou si le sien interfère avec mes méthodes préférées de relaxation, il faut bien que quelqu'un cède.

Heureusement qu'on aime tous les deux les longues promenades sur la plage.

Dommage qu'on vive aussi loin de la plage la plus proche.

On peut mijoter dans nos méthodes mal assorties de relaxation…

Nous pouvons nous plaindre de nos différences entre regarder la télévision ou lire un livre, de regarder la fin d'une émission sur un concours du meilleur pâtissier ou une rediffusion des Experts, augmenter le volume sonore ou goûter au plaisir du calme absolu. Ou nous pouvons trouver des moyens de laisser l'autre être qui il est. Et, comme pour la plupart des problèmes relationnels, cela commence par la communication et l'acceptation de nos différences.

Nous faisons tout notre possible pour regarder les émissions que nous aimons tous les deux, en les traitant comme des mini-soirées en amoureux. Et nous avons convenu de ne pas dénigrer les programmes préférés de l'autre. La chose la plus gentille que nous puissions faire l'un pour l'autre est de dire : « Je vais regarder mon émission préférée dans l'autre pièce » ou « Je pense que je vais aller lire dans la véranda quelques instants. »

> L'amour peut être le partage d'une émission de télévision préférée ou la possession de deux télécommandes, de deux téléviseurs et de deux émissions, puis une excellente discussion sur ce que chacun a appris, sous forme de résumé !
>
> — Pam Farrel

Je me pose de nouvelles questions maintenant lorsque son temps de relaxation ou ce qu'il aime regarder à la télé semblent s'intercaler entre nous.

- Où est-ce que *je* me tiens ? À proximité ? Accessible ? Atteignable ?
- Suis-je prête à m'adapter à l'emploi du temps de quelqu'un d'autre simplement parce que je l'aime ? C'est la position

que j'ai adoptée avec plaisir pour chaque enfant que j'ai mis au monde.

- Se détend-il ou s'ennuie-t-il ? S'il s'ennuie, c'est peut-être à lui d'y remédier, mais ne serait-ce pas *moi* qui pourrais le passionner ?
- Si je choisis de faire autre chose alors qu'il choisit une énième rediffusion ou une émission de pêche, vais-je le faire avec un soupir de lassitude ou par respect pour sa façon différente de se détendre ?

Nous en rions maintenant, mais il fut un temps où mon mari se plaignait du temps que nos enfants et petits-enfants « gaspillaient » devant les écrans de téléphones et tablettes.

Je lui ai répondu : « Supermari, la télévision est aussi un écran ! »

Il a réfléchi une minute et a répondu : « Pardon ! Tu as raison. »

Becky

Les membres du club IMTLT peuvent se plaindre de ne pas avoir assez de temps pour eux seuls, des plaintes justifiées dans la plupart des cas, mais il peut y avoir un cadeau inattendu de liberté qui vient avec toute cette proximité et intimité.

Il se trouve que le fait de se lasser l'un de l'autre peut présenter un avantage.

Deux de mes fils travaillent à la maison. Un autre fils travaille trois jours et demi par semaine. Leurs épouses sont les personnages principaux de mes romans. Elles ne le savent pas, mais j'ai étudié et appris d'elles pendant des années. J'aime voir comment mes fils et mes belles-filles accueillies avec amour s'entendent lorsqu'ils sont ensemble, mais j'aime aussi constater combien ils s'entendent lorsqu'ils *ne* sont *pas* ensemble.

Les couples qui sont séparés quarante heures ou plus par semaine se sentent parfois obligés de passer la majorité de leur temps ensemble. Vient alors le défi de trouver des compromis sur la façon de passer son temps libre pour que tout le monde soit heureux. Mais lorsque, comme Kiley l'a mentionné, votre trajet quotidien se fait du lit à la chaise de bureau dans le coin de la chambre, et lorsque vous vous asseyez à table en face l'un de l'autre (ou, soyons réalistes, assis l'un à côté de l'autre devant le téléviseur ou avec des téléphones portables à la main) trois repas par jour, cette pression peut disparaître.

Plus précisément, cette pression peut exploser en un besoin urgent de temps séparé. Et c'est une bonne chose. Mais permettez-moi d'ajouter une mise en garde : il est trop facile de pousser les choses à l'extrême. Avez-vous entendu parler de la dernière tendance en matière de lune de miel ? Certains couples optent pour des « lunes de miel en solo » : une des personnes nouvellement mariée part en voyage *sans son nouveau conjoint.*

Une autre forme « originale » de mariage est le VES, Vivre Ensemble Séparément pour se retrouver ensuite. Il ne s'agit pas de couples séparés par des exigences professionnelles ou le service militaire. Il s'agit de personnes qui préfèrent ne pas partager le même oxygène. Les sociologues affirment que les couples VES peuvent être pleinement engagés l'un envers l'autre même s'ils choisissent de ne pas cohabiter.

Hum… Personnellement, je ne le pense pas.

Je suis peut-être vieux jeu, mais je crois que si l'on veut conserver vivant le souvenir d'une lune de miel, il faut d'abord l'expérimenter. Ensemble. Et je pense qu'il y a une raison pour laquelle Dieu a dit dans Genèse 2.24 : « C'est pourquoi l'homme laissera son père et sa mère et s'attachera à sa femme, et les deux ne feront plus qu'un. » Comment pouvez-vous vous attacher ou profiter d'une seule chair si vous vivez à Mouais en Loire Atlantique, et que lui habite à Longcochon, dans le Jura ? (Petite idée de soirée en famille : recherchez les noms de ville les plus bizarres !)

Les couples qui travaillent à domicile ou qui sont à la retraite ont besoin de se détendre ensemble, d'où la nécessité de discuter de ce qu'ils devraient faire pour leur plaisir aujourd'hui. Mais passer plus de temps ensemble peut aussi signifier moins de culpabilité mal placée lorsque l'un veut sortir seul et faire ce qui lui plaît.

Ma belle-fille Adrianne raconte : « Quand Aaron commence à parler de son envie de faire de la détection de métaux, je dois faire de mon mieux pour ne pas rouler les yeux et faire une grimace. J'aime l'histoire, j'apprécie beaucoup les magasins d'antiquités, mais je ne peux pas m'imaginer creuser des trous dans le sol à la recherche de quelque chose d'inconnu. Bien sûr, je veux aussi qu'il fasse des choses qu'il aime et qu'il trouve relaxantes, alors parfois je l'accompagne et je lis dans la voiture pendant qu'il se "détend", ou j'organise un rendez-vous avec ma sœur pour que nous puissions toutes les deux profiter de ce temps loin des enfants. »

Les couples qui travaillent à domicile ou qui sont à la retraite ont besoin de se détendre ensemble, d'où la nécessité de discuter de ce qu'ils devraient faire pour leur plaisir aujourd'hui. Mais passer plus de temps ensemble peut aussi signifier moins de culpabilité mal placée lorsque l'un veut sortir seul et faire ce qui lui plaît.

Holly, mariée à mon fils Jeff, affirme qu'ils « ne sont pas très intéressés » par l'idée de se détendre. « La plupart du temps, notre temps de détente chaque soir consiste à nous asseoir sous le porche pour discuter, seuls tous les deux ou avec des amis. Certains soirs, cependant, il regarde une émission pendant que je lis un livre. Nous voulons tous les deux que l'autre ait du temps pour lui, alors nous faisons en sorte que ça marche. Je suis heureuse quand il a le temps de jouer au golf parce que c'est une activité qu'il aime, et il encourage mon besoin de passer du temps avec des amis. »

Lorsqu'il s'agit de planifier des vacances, Jeff et Holly aiment tous deux se détendre sur la plage ou au bord de la piscine, alors la planification est facile. Mais Holly aime aussi les vacances pleines d'énergie où l'on explore les villes et où les journées sont remplies d'une série d'aventures. Mon fils n'est pas un adepte de ce loisir. Alors une fois par an, Holly essaie de planifier un voyage avec des amies qui aiment le même genre d'escapade. Ces deux-là ont aussi l'intention de prendre le temps pour des sorties parents-enfants et des week-ends, ce que j'aurais aimé que nous fassions davantage quand nos garçons étaient jeunes.

> Nous avons créé des « pauses d'intimité » tout au long de la journée… parfois cinq minutes, parfois une demi-heure. Nous nous promenons dans notre petit jardin ou observons les oiseaux, nous nous tenons la main, nous nous racontons quelque chose de notre journée. Parfois, nous prenons simplement le temps de rire ensemble. Comme mon mari et moi sommes partis sur de bonnes bases, ce modèle de connexion délibérée s'est avéré une étape facile pour nous. Mais si votre point de départ est loin de celui de votre conjoint, si votre connexion est plutôt lâche, il vous faudra travailler dur et faire preuve de ferme résolution pour créer ces moments d'intimité tout au long de la journée. Cela peut sembler gênant, frustrant et même triste au début. Mais lorsque vous ferez l'expérience de votre première lueur de connexion, votre temps et vos efforts en vaudront la peine. — Tessa Afshar[1]

Mon fils aîné et sa femme ont travaillé ensemble à domicile pendant la majeure partie de leur vie conjugale. Pour leurs congés, ils aimaient faire du camping à travers le pays, mais les vacances de rêve de Kristen ont toujours été un voyage à Disney. Même quadragénaire portant des cravates, à l'évocation d'une

1. Tessa Afshar, *The Way Home. God's Invitation to New Beginnings*, Moody Publishers, 2020.

semaine dans un parc d'attractions bondé, le visage de Scott se crispe exactement comme lorsqu'il était tout petit et qu'il goûtait un citron pour la première fois. (Je me suis largement excusée auprès de mes belles-filles pour avoir élevé des introvertis phobiques des foules.) Au fil des ans, lorsque les finances le permettaient, Kristen et les enfants ont profité de séjours à Disney tandis que Scott restait à la maison, savourant le calme.

Le point de vue d'un homme

- Respectez un programme. Si votre esprit est concentré sur des activités utiles, vous aurez moins tendance à suivre votre femme partout en attendant qu'elle réponde à vos besoins.
- Créez quelque chose de routinier avec votre femme qui vous permette de rester en contact tous les jours mais qui ne prenne pas toute la journée.
- Trouvez un moyen d'être physiquement actif, même lorsque vous n'en avez pas envie. Si vous vous divertissez de façon passive toute la journée, votre épouse aura l'impression que vous vous désengagez de votre relation et que vous ne profitez pas du moment présent.
- Trouvez des problèmes à résoudre qui ne mettent pas nécessairement votre femme à contribution.
- Cherchez à faire ensemble quelque chose que vous n'avez jamais fait auparavant et qui vous plaise à tous les deux. Un de nos amis a décidé de faire une école de cuisine en France peu après sa retraite, parce que son épouse aime voyager et que lui aime cuisiner.
- Soyez la personne conforme au désir de Dieu, et non celle que vous êtes *tentée* d'être en réaction à votre conjoint.

- Combattez le ressentiment. Dans la plupart des relations, un conjoint donne plus que l'autre. Si vous n'y prenez pas garde, vous accumulerez du ressentiment et vous mesurerez votre affection. Avec le temps, votre conjoint vous en voudra probablement d'avoir retenu ce que vous aviez l'habitude de partager librement. Personne ne veut que le ressentiment mutuel définisse sa relation ! C'est un cercle vicieux.
- Passez du temps avec vos amis masculins chaque semaine. La fraternité est une source de force !

— Bill Farrel,
auteur et conférencier sur les relations conjugales

Le Docteur Câlins est un adepte de la course à pied. Au moment où j'écris ces lignes, il a terminé trente-huit marathons et vingt semi-marathons. Quand les gens entendent parler de ces exploits, ils sont émerveillés. Et puis ils se tournent vers moi. Vous devinez la question, n'est-ce pas ? Ma réponse est : « Non. Il faut bien que quelqu'un soit sur la ligne d'arrivée pour l'applaudir ! »

J'ai essayé de courir. Sincèrement, j'ai essayé. J'ai même acheté une paire de chaussures de course pour moi, je les ai emballées et offertes à mon mari, avec la promesse que j'allais enfin « faire ce truc ». Je nous voyais, vêtus de shorts, de tee-shirts, de ceintures de course et de chaussures de course Nike, haletant ensemble sur la route, comparant nos records personnels et nos écarts négatifs, et partageant des sachets de gel énergétique et de Gatorade. Quelle expérience enrichissante ! Nous allions sillonner le monde dans notre camping-car, en terminant un marathon dans chaque pays. Ce serait génial ! Mais il y a un hic…

Je *déteste* courir. J'ai l'air d'un canard haletant qui se dandine sur le chemin. Je regarde les gens passer devant la maison, à l'unisson avec la route, et j'essaie d'égaler leur forme. Mais non. Je n'ai pas de forme. Mon record est un kilomètre et demi en 17 minutes.

Je *ne* suis pas *une* adepte de la course à pied. Mais… J'aime enfourcher mon vélo. Alors parfois, quand le Docteur Câlins part pour une course d'entraînement (parfois, c'est-à-dire quand je ne suis pas seule à la maison à savourer le calme), j'enfourche mon vélo et nous profitons ensemble de la nature. Je descends les collines en roue libre, je passe devant lui, je roule un kilomètre plus loin, puis j'exécute un demi-tour pour le rejoindre et nous restons côte à côte pendant un moment, à respirer l'air frais et à profiter du soleil.

Intimité et liberté. Un équilibre parfait.

Pour nous, la clé a été de profiter du temps ensemble et du temps chacun de son côté. Avoir des amis qui veulent partir à l'aventure avec moi, c'est un moment de plaisir pour moi (l'extravertie) et un moment de solitude pour lui (l'introverti). — Kendra Smiley, autrice et conférencière

CHAPITRE 6

Mais chérie, nos deux noms figurent sur le crédit !

~ *Becky* ~

Je me souviens de l'excitation que j'ai ressentie lorsque je me suis assise à côté de mon mari pour signer notre premier contrat d'achat d'une maison. Je me souviens d'être restée éveillée à parler de l'endroit où nous allions accrocher la photo de Mamie Bessie et de la façon dont nous allions utiliser les placards de la cuisine. Et mon mari partageait ses visions de la disposition des meubles et des bibelots jusqu'à minuit passé…

Bon, ça ne s'est jamais vraiment passé ainsi. Docteur Câlins ne se souciait pas du placard dans lequel le beurre serait rangé. Pourvu qu'il *soit* dans le placard. (J'y reviendrai plus tard.) Mais je me souviens de la partie éveillée jusqu'à minuit passé… planifiant en images mentales haute définition chaque détail du bon endroit où irait chaque chose, avec en toile de fond, ce doux ronflement dans mon oreille droite.

Si votre homme est du genre à ne pas avoir d'avis tranché sur les couleurs et l'emplacement des tentures murales, vous vous en sortirez probablement bien s'il n'est pas à la maison pendant la majeure partie de la journée. Le fait que ce soit vous qui décidiez de l'emplacement des ustensiles de cuisine ou de l'installation de voilages ou de stores filtrant la lumière peut rarement soulever un problème. Mais…

Lorsque vous êtes tous les deux à la maison et qu'il plisse les yeux à cause de la lumière du soleil qui traverse les jalousies en dentelle et ricoche sur l'écran de son ordinateur… Quand il réarrange *vos* placards par souci d'efficacité… Quand son inspiration créative se glisse sur le comptoir de la cuisine comme un glacier qui se déplace lentement… des tensions peuvent surgir.

C'était dans les premiers temps de notre mariage et Docteur Câlins travaillait de nuit (ce qui ressemble beaucoup à avoir un CALM. Tout. Le. Temps.) quand j'ai décidé que nous avions besoin d'une étagère dans le salon. Je ne m'en souviens pas avec certitude, mais je vais prétendre, à des fins de justification, que j'étais enceinte et que je ne travaillais pas à l'époque. Parce que, vous savez, les hormones. Et l'argent… ou sa faible quantité.

J'avais réussi à mettre la main sur trois caisses d'oranges de trois tailles différentes. C'était avant que les caisses à oranges deviennent à la mode, avant que vous puissiez acheter un joli ensemble assorti et bien poncé chez Ikea pour moins de 100 euros. Ces caisses étaient authentiques : rugueuses, avec des échardes et abritant probablement des œufs d'araignée dans les coins.

Mais elles étaient gratuites, et j'étais si fière de moi alors que je travaillais dans notre minuscule cour, maniant le marteau et le pinceau. Tout en noir. Elles iraient parfaitement dans notre salon avec des tapis et des rideaux orange brûlé et des meubles en vinyle noir. Bien sûr, quand je les ai posées triomphalement dans la pièce faussement lambrissée, elles penchaient un peu vers la gauche. Et, oui, elles étaient un peu bancales, mais avec des livres sur l'étagère du bas pour les alourdir…

Je m'attendais à un ou deux « Bravo ! » quand Docteur Câlins est sorti du lit. Je ne m'attendais pas à « Que fait cette chose dans notre maison ? »

Ces infortunées étagères sont devenues une source de dispute gigantesque dans notre mariage pas encore soumis au feu de l'épreuve. Je n'ai jamais vraiment compris le problème qu'elles lui posaient. Attendez, je vais aller lui demander…

Il dit que tout ce dont il se souvient, c'est qu'on avait l'impression d'avoir « empilé un tas de caisses dans le salon ».

D'accord. Avec le recul du temps et sans l'intrusion des hormones de grossesse, je lui concède cette impression. Pourtant, il aurait pu apprécier mes motivations. Aujourd'hui, il croit avoir pensé que c'était créatif. Je suis presque sûre que ce mot n'a pas été prononcé à l'époque. Quoi qu'il en soit, j'ai obstinément refusé de déplacer les étagères pendant au moins un an. Il me semble qu'on a fini par faire cuire des saucisses au barbecue en brûlant ma « créativité ».

Une autre chose dans notre première maison. Nous avions besoin d'une chaise supplémentaire dans cette pièce noire et orange. Il en voulait une bleue. Bleu cobalt vif. Je sais que je l'ai blessé quand je l'ai regardé avec cet air de « tu plaisantes, n'est-ce pas ! » Pour un type qui se souciait rarement de la décoration, pourquoi cette précision ? Pourquoi le bleu ? C'était l'ère des tons de terre. Couleur or des moissons, de l'avocat, orange brûlé. Nous n'avons pas acheté de chaise bleue. Et je me suis excusé depuis, parce que, des années plus tard, quand « ils », les gens qui décident de ces choses pour nous, ont commencé à combiner le bleu et l'orange, j'ai dû reconnaître que la combinaison était plutôt réussie.

Et puis, il y a cette histoire d'accrochage de photos. Chaque fois que nous déménageons, je dois faire un tour rapide de la nouvelle maison, en cherchant les clous sur les murs comme un soldat cherche des mines cachées dans un champ. Parce que ces petits bouts de métal peuvent déclencher de grosses explosions dans notre relation. Si je n'arrache pas les clous laissés par les anciens propriétaires avant qu'il ne les trouve, il accrochera une photo ou un calendrier sur chacun d'eux. Peu importe où le clou se trouve ou si la photo se retrouve au centre du mur ou dans un coin au-dessus de la porte arrière, là où quelqu'un avait accroché un double des clés.

Une fois, avant un déménagement, j'ai conclu un marché avec lui. S'il promettait de ne pas accrocher une seule photo sur un clou existant, j'arrêterais de porter de la flanelle au lit pendant six mois. Ça a marché. Au moins, il a tenu sa part du marché. Je ne me souviens pas si j'ai tenu six mois complets. Je suis sûre qu'il s'en souvient. Mais je ne vais pas aller lui demander.

À propos de l'organisation de la maison, j'ai lu un livre qui qualifiait les gens de « mordus de l'ordre » ou de « désordonnés ». Puisque le dicton « les opposés s'attirent » n'est pas qu'un cliché, il est probable que vous soyez marié à quelqu'un qui se trouve à une extrémité différente du spectre « mordu de l'ordre-désordonné ». Vous pouvez commencer à faire le lit avant même d'en sortir, mais lui pense qu'il n'y a rien de plus agréable que la vue de draps froissés et d'un oreiller concave. Peut-on trouver un terrain d'entente ?

Dans une célèbre citation de *Un violon sur le toit*, Tevye dit : « Un oiseau peut aimer un poisson, mais où pourraient-ils construire une maison ensemble[1] ? » Les mordus de l'ordre et les désordonnés sont-ils destinés à vivre dans une tension constante, l'un désirant s'élever au-dessus du chaos tandis que l'autre nage dedans, sans jamais pouvoir créer une maison qui convienne aux deux ? Ou le compromis est-il possible ?

Mon fils Scott et ma belle-fille Kristen, le couple que je vous ai présenté plus tôt dans lequel l'un aime Disney et l'autre le déteste, sont confrontés quotidiennement à cette tension poisson-oiseau. « Scott est un artiste », dit Kristen. « Bien que cela n'ait aucun sens pour moi, il a besoin d'un peu de désordre

1. Norman Jewison, réalisateur, *Un violon sur le toit*, Burbank, Mirisch Company, 1971.

et de chaos pour donner libre cours à sa créativité. En ce qui me concerne, le désordre me démoralise. Les piles d'affaires me rendent nerveuse et, honnêtement, me dépriment un peu. »

Comment gèrent-ils la situation ? Par le compromis. Si mon fils était aux commandes, son style de décoration serait « flanelle et rouille », mais par amour pour sa femme, il a créé des espaces pour ses collections artistiques et rustiques, et Kristen accepte que ces espaces non partagés soient « organisés » selon les goûts de Scott, pas selon les siens. « Il dispose de l'atelier et de son bureau, où je mets rarement les pieds. Ses trésors et ses projets peuvent s'empiler (ou se renverser) et cela ne m'affecte pas le moins du monde. De temps en temps, il fait le tri dans ses trouvailles aux enchères et nettoie ses espaces, mais c'est à ses conditions et jamais parce que je le lui suggère. »

Elle admet que parfois ses affaires envahissent la maison, et se répandant sur la table du salon. « Ça va pour un petit moment, dit-elle, mais il est conscient que, selon notre accord sur le partage de l'espace, l'heure tourne. Plus le tas reste longtemps, plus je suis malheureuse. Il sait qu'il peut nettoyer lui-même, sinon un matin (généralement le troisième jour), il se réveillera et découvrira que ses affaires ont été soigneusement empilées dans un panier en boisseau et l'attendent à la porte arrière de la maison. Il est temps pour la pagaille de retourner chez elle. Ses amis de l'atelier lui manquent. »

Les mots de ma belle-fille me font sourire parce que je me souviens très bien du jour, deux bons mois après que Scott a quitté la maison et emménagé dans son propre appartement, où j'en ai eu assez de voir son bazar encombrer encore son ancienne chambre. J'ai tout emballé dans de grands sacs-poubelles noirs, les ai mis dans la camionnette et les ai jetés sans cérémonie sur le pas de sa porte !

Toutes les leçons que nous avons apprises sur le partage au jardin d'enfants ressurgissent ici. Comme un enfant de cinq ans avec un jouet spécial que sa maman lui a expressément recommandé de ne jamais partager avec qui que ce soit, pouvons-nous accepter que la personne assise à côté de nous dans le cercle ait aussi quelque chose qui lui appartient en propre ? Pouvons-nous nous mettre d'accord sur « ce petit coin de la maison est à moi et je peux le garder comme je veux, et ce petit coin est à toi, mais faisons un compromis sur les espaces que nous partageons » ?

Au chapitre 3, je vous ai suggéré de sortir par la porte d'entrée et de revenir avec l'état d'esprit de votre conjoint. Lorsqu'il s'agit de décoration intérieure, pourquoi ne pas sortir ensemble ? Rentrez et faites le tour de chaque espace partagé, en parlant de vos couleurs préférées, des associations harmonieuses, des photos qui vous font sourire tous les deux, des souvenirs qui vous rappellent de bons moments.

Un foyer n'a jamais été conçu pour être un amalgame des biens personnels de deux personnes.

Qu'est-ce qui suscite une joie *mutuelle* ? Qu'est-ce qui ne le fait pas ? Un foyer n'a jamais été conçu pour être un amalgame des biens personnels de deux personnes.

À l'époque où les cadeaux monogrammés étaient courants pour les mariages, les couples décoraient les salles de bains et les chambres à coucher avec des serviettes et des taies d'oreiller brodées de la première lettre de leur nom de famille désormais commun, flanquée de deux lettres plus petites, les initiales des prénoms de la mariée et du marié. Symbolique, n'est-ce pas ? Les deux personnes restent des individus distincts, et pourtant ils ne font qu'un. Vous avez peut-être reçu en cadeau des tasses à café assorties portant l'inscription « Pour lui » et « Pour elle ». Tant que ces inscriptions ne couvrent pas tous les objets, elles ajoutent à l'ambiance de nos espaces partagés.

Si vous êtes la créature ailée qui a besoin d'une cabane nichée dans un arbre alors que lui a besoin d'une grotte avec un étang, créer votre version des espaces « à moi » peut faciliter le compromis sur les pièces que nous appelons « à nous ».

Dans Philippiens 2.4 l'auteur écrit : « Que chacun regarde, non ses propres qualités, mais celles des autres. » Ce n'est pas un mauvais conseil de décoration.

Tous les désodorisants du monde à base de fleurs odorantes et aux excès d'agrumes ne rendront pas votre maison aussi fraîche qu'un pschitt quotidien de gentillesse.

— Becky

Cynthia

Qui aurait imaginé un jour qu'un objet inoffensif comme une boîte en carton pouvait déclencher une dispute ?

Il a dit : « Quoi que tu fasses, ne jette pas cette boîte dans le garage. »

« Je ne la jetterai pas, ai-je répondu, mais c'est cependant là que les boîtes en carton vont terminer leur vie. »

« Elles n'ont rien à faire dans mon garage. »

« *Ton* garage ? »

« Tout ce que tu ne veux pas, tu le déposes dans mon garage, et j'en ai assez », a-t-il dit.

« C'est temporaire, mon chéri. C'est comme... la salle d'attente d'un crématorium pour cartons ou d'un dépôt en vue du recyclage. »

« Pas dans mon garage. »

Je dois préciser ici que *notre* garage spacieux peut héberger deux voitures, son atelier et un vestiaire pour une personne.

« Où me suggères-tu d'entreposer ce genre de choses ? » J'ai posé la question gentiment. Relativement gentiment. « Dans la chambre ? Sur le dessus de la cuisinière ? Devant la télé ? »

« Je ne sais pas. Mais pas dans mon garage, d'accord ? »

J'ai réfléchi et médité le problème. Rien d'intelligent ne m'est venu. Alors, j'ai dit : « Puisque dans cette maison, tout est à nous, et non à toi ou à moi, et que nos deux noms figurent sur le crédit, quelle surface du garage estimes-tu que je doive considérer comme équitable pour y déposer des objets comme les produits recyclables, mes bottes recouvertes de boue et ceux que je collecte pour les apporter au dépôt Emmaüs ou à celui de l'Armée du Salut ? Puis-je disposer de huit pour cent de sa surface ? C'est tout ce dont j'ai besoin. »

Je comprends parfaitement ne pas vouloir que quelqu'un d'autre encombre mon espace. Mais l'adjectif possessif « *mon* » s'est immiscé trop profondément dans la discussion. Nous avons trouvé un compromis en choisissant un endroit dans le garage qui ne gênerait pas mon mari, mais qui serait suffisamment pratique et visible pour que les objets ne soient pas oubliés et ne s'accumulent pas.

L'objectif d'une maison pour un couple qui y passe beaucoup de temps est de créer un environnement qui soit vraiment agréable. Pas simplement confortable, mais inspirant pour tous ceux qui vivent entre ses murs.

« Moi aussi, je vis ici. » Nous ne devrions pas le préciser, n'est-ce pas ? Les deux conceptions « la maison de l'homme est son château » et « le garage appartient à l'homme, mais la maison appartient à la femme » s'éloignent du projet de Dieu quant à la façon dont un mari et sa femme doivent percevoir leur maison. *Leur*. C'est un indice.

Oui, nous avons des poissons empaillés accrochés aux murs de notre salle de séjour. Ils étaient destinés à y vivre de toute façon, c'est pourquoi j'ai choisi un thème rustique de type cabane de pêcheur pour notre décor. Mais mon bureau à la maison occupe un espace de 4 mètres sur 4, et qui était auparavant une salle à manger. Il dispose d'un espace de travail. Je dispose également d'un espace de travail. Il possède des endroits dans la maison qui répondent à son besoin de canapés en cuir de la couleur d'une selle de cheval, et moi, j'ai des endroits avec des murs jaune beurre et de la porcelaine de Chine. Quel est le vrai thème de la maison ? Le compromis.

Une amie a dit un jour que l'objectif d'une maison pour un couple qui y passe beaucoup de temps est de créer un environnement qui soit vraiment agréable. Pas simplement confortable, mais inspirant pour tous ceux qui vivent entre ses murs. (Merci, Janet Newberry.)

La clé d'un foyer heureux ensemble réside dans la perspective. Peut-être ne nous considérons-nous plus comme des membres de IMTLT (Il est à la Maison Tout Le Temps). Peut-être que nous commençons à nous considérer comme des membres NMTLT (*Nous* sommes à la Maison Tout Le Temps). Cette salle familiale avec la télé géante et le poisson géant ? Plusieurs poissons géants ? Elle alimente les conversations. C'est un lieu d'inspiration pour mon mari. Son canapé couleur selle est mon endroit préféré où poser mes pieds. Sa cheminée et son confort nous inspirent tous les deux quand nous nous y trouvons tous les deux.

C'est dans la véranda, que je trouve le plus d'inspiration. Pour être sûrs d'avoir tous les deux des endroits dans la maison qui correspondent à notre esthétique personnelle, nous avons mis de l'argent de côté jusqu'à ce que nous en ayons eu assez pour obturer le porche, installer un chauffage par le sol et meubler la pièce avec des objets simples mais non liés à une campagne de pêche. Elle est agrémentée d'un petit canapé d'angle et d'une charmante table pour deux, décorée avec certaines de mes couleurs préférées.

Créer une telle pièce n'aurait pas été possible lorsque nos enfants étaient petits, ou lorsque le budget était encore plus serré qu'aujourd'hui. Mais parce qu'il y a un conjoint à la maison presque tout le temps, et parce que j'ai besoin de calme, de soleil et de moments pour moi, nous avons fait la paix en créant cette véranda.

Dans Hébreux 13.21, l'auteur affirme que le Dieu de paix peut nous rendre « capables de faire le bien sous toutes ses formes, pour que [nous accomplissions] sa volonté. Qu'il réalise lui-même en nous, par Jésus-Christ, ce qui lui est agréable ».

Cette promesse s'étend sûrement aussi à son influence sur les mariages qui lui plaisent.

Mon mari dit que les couleurs, ce n'est pas « son truc ». Il n'est pas daltonien. C'est juste qu'il s'en désintéresse. Jusqu'à ce qu'il s'y mette. Souvenez-vous de « son » garage. Quand il a fallu peindre la partie vestiaire, je me suis portée volontaire, puisque nous avons un accord de longue date selon lequel il peint l'extérieur et moi l'intérieur. Je peins tout en finesse. Lui, il est du genre à grimper sur de grandes échelles.

J'étais tombée amoureuse d'une peinture vert pomme brillante que j'avais trouvée d'occasion et je lui ai fait la surprise d'une salle d'eau Granny Smith fraîchement peinte lorsqu'il est rentré du travail un jour. Lui, les couleurs, ce n'est pas son « truc » ; il a donc fait la moue. Il ne pouvait pas expliquer pourquoi. Ce n'était pas trop féminin à son goût. Peut-être trop audacieux ? Je ne le pensais pas. Mais je savais qu'il n'aimait pas cette couleur dans une partie du garage qu'il devait traverser plusieurs fois par jour.

Alors j'ai fait ce que ferait toute femme qui se respecte. J'ai râlé. Puis, bien qu'il n'ait pas insisté ou qu'il ne me l'ait même pas demandé, je l'ai repeinte d'un jaune clair, qui ne choque pas. Devais-je le faire ? Pas vraiment. Après tout, nos deux noms sont sur le crédit.

Mais j'ai repeint parce que je l'aime et que je tiens plus à le rendre heureux qu'aux heures que cela a pris ou aux inconvénients que cela m'a causés.

L'amour a gagné.

Et j'ai utilisé les restes de vert pomme pour peindre la petite buanderie… car je savais que non seulement il ne la verrait pas tous les jours, mais qu'il ne saurait peut-être même pas où elle se trouve.

Mais chérie, nos deux noms figurent sur le crédit !

Addendum à l'histoire : Il a trouvé la buanderie et est devenu un expert pour faire une ou deux lessives quand je suis en voyage d'affaires. Oh, et ces boîtes en carton ? Dès qu'elles ont été jetées, nous avons eu besoin soudain de plusieurs autres boîtes.

Les couloirs sont étroits ? La salle de bain est trop exiguë ? Là où un membre de l'IMTLT pourrait dire : « Écartez-vous. Vous êtes sur mon chemin », un membre du Club NMTLT désireux de trouver une paix mutuellement satisfaisante dira : « Excuse-moi, mon amour », ou repeindra un mur ou deux, et laissera l'amour gagner.

> Je ferai attention de suivre le chemin des gens intègres. Quand viendras-tu vers moi ? Je veux marcher avec un cœur intègre dans ma maison. — Psaumes 101.2

CHAPITRE 7

Au moins l'un de nous deux doit être un chien renifleur de bombes

Cynthia

Les chiens renifleurs de bombes ne sont pas entraînés pour porter secours sur les lieux d'un accident. Leur but est de détecter le danger *avant* qu'il ne devienne un grand chagrin d'amour, avant que des dommages irréparables ne soient causés. Dans un mariage NMTLT (Nous sommes à la Maison Tout Le Temps), le mari ou la femme (de préférence les deux) doivent reconnaître le danger à temps et prendre des mesures pour l'éloigner.

Honnêtement, c'est la condition d'un mariage sain, quel que soit le degré d'intimité que la vie offre.

Dans le règne animal, à en juger par les revues scientifiques de géographie et les émissions de la télévision publique, l'intimité physique est naturelle. La procréation et l'acte qui y conduit semblent en effet provenir d'instincts naturels chez les animaux. Je cite par exemple la gazelle, les varans et le dodo.

Mais on est loin de l'intimité qui satisfait l'âme humaine, un mélange unique de proximité physique, mentale, émotionnelle et spirituelle que Dieu a voulu combler et maintenir pendant toute la vie au moyen de la relation « une seule chair ».

Quels types d'engins incendiaires sont en embuscade et ont pour mission de détruire les mariages ? C'est une question rhétorique. Nous le savons tous. L'égoïsme. Compter les points. Le fait de se priver de la possibilité d'être bon l'un pour l'autre. Le ressentiment. L'amertume. Les paroles blessantes. La rancune. Soupçonner le pire chez son conjoint. Le manque de communication. Une communication malsaine. Peu d'aptitudes à résoudre les problèmes. Le manque d'écoute. L'orgueil. L'impatience. L'irritabilité. Se prendre trop au sérieux. Le manque de maîtrise de soi. Les discours et actions passifs-agressifs.

Les bombes à retardement dans une relation ne sont pas toujours visibles, mais un bon renifleur de bombe n'a pas besoin de plus d'une odeur pour détecter un risque potentiel. Dans les films, il peut suffire de couper les fils d'une bombe au moment où le compte à rebours approche des dernières secondes avant l'explosion. Mais attendre jusqu'à l'extrême limite peut ne pas fonctionner aussi bien dans le cas d'un dispositif de mise à feu d'un mariage. Nous devons rester vigilants et renifler le danger avant que le désamorçage ne soit nécessaire.

L'humour est l'un des meilleurs outils pour désamorcer une bombe. Mais seulement lorsqu'il est partagé. Il a un effet détonant s'il est utilisé *contre* le conjoint.

Avez-vous déjà essayé de rassembler seule les ingrédients pour vous faire un sandwich sans gluten… sur vos genoux… dans la voiture ? Serais-je la seule à l'avoir tenté ? Après des mois d'enfermement dans la maison, nous nous sommes aventurés à faire un petit tour en ville et quelques courses. La fin des courses a coïncidé avec l'heure du repas. J'adore quand ça arrive.

« Que dirais-tu de prendre à manger au fast-food avant de rentrer à la maison ? » proposa Supermari.

« Tu devrais savoir maintenant que je ne refuse jamais une invitation à ne pas cuisiner ! » (Et ceci est dit par une femme qui a commencé à cuisiner pour ses frères et sœurs et ses parents quand elle avait douze ans. Serait-ce pour cela que j'en ai tellement marre ?)

Nous avons laissé tourner notre voiture au ralenti dans la très longue file d'attente du drive-in. Nous nous sommes résignés à manger sur le parking, qui donnait sur une salle de bowling. C'était beaucoup moins romantique que si nous avions eu une vue sur un lac ou sur une montagne.

Même avec un sac en papier en guise de table, il était étonnamment difficile d'ouvrir le petit pain sans gluten scellé sous cellophane, de le remplir de pastrami, de l'enduire de vinaigrette, d'ajouter juste assez d'un petit paquet de choucroute pour parfumer le tout sans empester la voiture, puis de glisser une tranche de gruyère suisse pas très fondant.

Je n'avais pas pris plus d'une bouchée que quelque chose a dégouliné, une partie sur ma chemise et l'autre sur la « table » en papier.

Supermari a dit : « Je ne peux vraiment pas t'emmener dans un endroit romantique ! »

Il est vrai que certains jours, je n'aurais pas trouvé un tel commentaire particulièrement humoristique. Mais il le pensait comme une blague, et je l'ai pris comme telle. Et nous nous sommes engagés à chercher l'humour dans des situations qui en seraient autrement dépourvues. Nous avons ri plus fort que nous ne l'avions fait depuis longtemps. Ce n'était évidemment pas une condamnation de mes compétences en matière de propreté, mais un commentaire sur le fait que la scène devait avoir l'air ridicule vue par un oiseau, ou par Dieu. Obligée de manger dans la voiture, sur le parking, et chargée de créer mon propre sandwich sur mes genoux. Je pense que même le bowling a ri avec nous.

Nous avons ri *ensemble*. Cela a désamorcé ce qui aurait pu être un moment de frustration.

Pendant des années, l'un des désirs de mon cœur pour notre mariage était de partager des moments de prière réguliers avec mon mari. Nous priions ensemble pendant les repas et lorsque quelqu'un que nous aimions était en crise.

Mais j'aspirais à cette intimité spirituelle qui se développe lorsqu'un couple prend l'habitude de prier ensemble tous les jours. Je le lui ai demandé. Nous réussissions alors à maintenir un temps de prière le soir pendant deux ou trois jours d'affilée, mais ensuite nous retombions dans nos vieilles habitudes. J'aurais pu jouer le rôle de personne chargée de l'appel à la prière, mais j'avais l'impression de pousser mon mari à se plier plutôt que de prendre une décision commune. J'ai donc fait de la *prière* un sujet de prière.

Le reniflement proactif d'une bombe peut prévenir les retombées d'une relation qui projette des éclats d'obus, crée des blessures et des cicatrices, et laisse les partenaires du mariage étouffés par la poussière.

J'ai cessé de mentionner mon désir ardent de prier avec mon mari tous les jours et j'ai simplement rappelé à Dieu le désir de mon cœur.

Vingt-quatre ans plus tard, c'est vrai, mon mari a suggéré que nous passions du temps chaque soir à prier ensemble. Et nous avons maintenu cette pratique sacrée, belle, intime, qui scelle la relation. Après le « amen », il m'embrasse sur les lèvres, sur le nez et sur le front. Le baiser sur le front est comme un doux symbole de bénédiction. L'attente en valait la peine. Ça vaut la peine d'attendre que Dieu donne le coup d'envoi.

Mon reniflement de bombe m'a permis de constater que notre relation pourrait être plus forte si nous étions cohérents dans la prière ensemble. Mais il a également noté que si j'avais forcé les choses, un engin explosif secondaire aurait pu exploser : le manque de respect. Il est aussi important de procéder avec prudence que de reconnaître un point de vulnérabilité ou une attente non satisfaite.

Le reniflement proactif d'une bombe peut prévenir les retombées d'une relation qui projette des éclats d'obus, crée des blessures et des cicatrices, et laisse les partenaires du mariage étouffés par la poussière. L'un des meilleurs moyens de détecter les problèmes est de poser ces questions :

- Persévérez-vous dans vos bonnes intentions de maintenir un programme régulier de sorties en couple ?
- *Espérez*-vous trouver du temps ensemble ou *planifiez*-vous du temps ensemble ?
- Partagez-vous les mêmes idées sur les questions de foi, au-delà du simple fait d'être assis côte à côte lors des services religieux hebdomadaires ?
- Prenez-vous des nouvelles l'un de l'autre, sans vous interrompre, pour égayer votre journée ou pour témoigner de votre amour ?
- Partagez-vous la même définition de la *non-interruption* ?
- Partagez-vous la même définition de votre conjoint à propos des choses qui égayent la journée ?
- Travaillez-vous continuellement à améliorer vos méthodes de communication l'un avec l'autre, en vous concentrant sur l'écoute plutôt que sur l'envie d'être entendu ?
- Connaissez-vous chacun les « pourquoi » de l'autre ?

J'ai délibérément laissé cette dernière question à la fin pour la mettre en relief. Elle sous-tend toutes les autres. *Pourquoi* est-il important pour lui de faire le café ou pour elle de faire une sieste en milieu d'après-midi, ou pour lui de regarder les chaînes info ou pour elle de *ne pas* les regarder ?

Pourquoi se retire-t-elle dans une autre pièce lorsqu'il commence à raconter à un ami, un étranger ou un vendeur les histoires de ses aventures au Canada, celles qu'elle connaît par cœur ?

Pourquoi attache-t-il tellement d'importance à l'économie d'un centime sur l'essence ?

Si nous reconnaissons l'odeur du danger dans une relation débutante, puis à la retraite (remarque : les relations ne prennent pas leur retraite), ou lorsque nous travaillons à partir de notre domicile ou que nous nous occupons de nos proches, nous sommes mieux à même d'interrompre ce tic-tac qui serre la gorge et fait battre le cœur avant *trois, deux, un, boum!*

Il n'y a pas si longtemps, j'ai profité d'une chaude journée et d'un peu de temps libre pour nettoyer le jardin. J'ai arraché, tiré et coupé les ronces et les mauvaises herbes, et j'ai ratissé les débris pour en faire un gros tas poussiéreux.

Avant longtemps, j'ai senti d'étranges gouttelettes d'humidité s'accumuler sur mon front et autour de mon cou. Une transpiration peu fréquente! Mon mari était assis sur la terrasse. Il me regardait travailler. Me regardait déployer des efforts. Me regardait lutter. Je ne connaissais pas ses raisons, et je ne m'en souciais pas, sur le moment.

Quand j'ai eu fini dans le jardin, il s'est dirigé vers la remise pour essayer une fois de plus de faire démarrer la tondeuse à gazon après plusieurs jours de tentatives infructueuses et de réparations de fortune. Dans la maison, je me suis lavé, mais pas dans mon intérieur personnel. Au fond de mon cœur, j'étais plus qu'irritée que mon bien-aimé prenne plaisir à me regarder travailler plutôt que d'intervenir pour m'aider.

Dieu a ratissé quelque chose dans mon âme. Quel serait le contraire de ce que j'avais envie de faire à ce moment-là? Je pourrais lui apporter un verre d'eau froide et lui demander : « Puis-je t'aider? » Tout le contraire de mon penchant naturel. Alors je me suis dit que ça venait de Dieu.

Obéir à Dieu et rendre mon mari heureux a changé l'atmosphère, du moins l'atmosphère qui planait autour de moi. J'ai coupé ce fil et désamorcé une bombe.

Je l'ai coupé.

Je pense que je vais réessayer un jour prochain.

Les choses que mon mari, Phil, fait quand je suis dans mon bureau en train de travailler :

- Il m'apporte une grenouille toute mignonne qu'il a trouvée en tondant le gazon.
- Il me demande si je peux venir jouer dehors.
- Il décide de faire des travaux le jour de l'enregistrement du podcast.
- Il parle à travers la porte-fenêtre au lieu de l'ouvrir pour poser une question.
- Il claque plus de portes qu'une armée d'adolescents.
- Il se rachète totalement en demandant s'il peut préparer le dîner.

— Michelle Rayburn[1]

Becky

« Pourquoi dois-je toujours être celle qui achète le livre sur le mariage, qui entame la discussion sur la définition de la relation, qui suggère une relation d'aide ou une retraite conjugale ? Pourquoi n'est-il pas celui qui prend des initiatives quand les choses ne vont pas bien ? »

Au fil des ans, en discutant avec des amis ou en conseillant des femmes dont le mariage était tout sauf parfait (comme si « parfait » et « mariage » n'étaient pas un oxymore), j'ai entendu de nombreuses variantes de cette même question.

Et, oui, je me la suis moi-même posée.

1. Michelle Rayburn, *Classic Marriage. Staying in Love as Your Odometer Climbs*, Faith Creativity Life Books, 2020.

> Le simple fait de se côtoyer plus souvent en raison de la retraite augmente les chances de friction. — Tony B.

Cynthia a parlé de la nécessité de connaître les « pourquoi » de notre conjoint. « Pourquoi dois-je toujours être celui qui… ? » est un bon pourquoi pour commencer. Je n'ai pas toutes les réponses (car « parfait » et « moi » ne sont absolument pas synonymes), mais je peux faire quelques suggestions.

1. Il se peut qu'il n'ait aucun problème sentimental. Je le sais par expérience personnelle. Il y a eu des moments où je me suis sentie négligée et où je me suis demandé si mon mari ne s'était pas lassé de moi. La passion s'était dégonflée. La romance allait-elle désormais devenir un lointain souvenir ? M'aimait-il encore ?

Et, non, vous n'êtes pas la seule à avoir peut-être déjà marqué sur le calendrier la dernière fois que vous avez fait l'amour ou qu'il a prononcé ces trois précieux mots (Aïe ! Puis-je permettre qu'ils soient imprimés ?) Après des jours, voire des semaines, à penser que nous sommes arrivés au stade purement platonique de notre mariage, je me mets enfin à prier sérieusement (et non simplement à me plaindre auprès de Dieu) et je trouve le courage d'avoir une conversation sur les relations sexuelles.

J'ai appris au fil des ans que la façon d'entamer une conversation significative sur la définition de la relation n'est pas de dire « Il faut qu'on parle ! » La plupart des hommes préfèrent se battre contre un ouragan de catégorie 5 plutôt que de rester enfermés dans la maison avec cette phrase en suspens. Si vous choisissez le bon moment (lorsqu'il est nourri et reposé et non en train de regarder un match de foot) et que vous lui demandez tranquillement « On est prêt ? », vous ne ferez certainement pas face à un mur hostile.

Mais vous aurez peut-être droit à un regard vide. Parce qu'il n'a aucune idée de ce dont vous parlez.

Je l'ai constaté plus d'une fois. Je me demandais s'il n'était pas sur le point de me quitter et lui pensait que tout allait bien entre nous.

D'habitude, une fois que je lui ai dit ce que je ressentais et qu'il a eu l'occasion de s'expliquer, je découvre qu'il y a une explication raisonnable à la distance que je percevais. Il a peut-être été distrait par un projet ou s'est inquiété de ses finances. Parfois, la seule explication est que je suis un auteur de romans d'amour et que j'ai une image en tête de ce à quoi les romans d'amour sont censés ressembler après un demi-siècle, une image qui ne correspond pas tout à fait à la sienne. Nous en parlons. On s'enlace, on s'embrasse. Il dit ces trois petits mots. Et nous sommes de nouveau sur la bonne voie.

Mon conseil? Parlez. Bien avant de commencer à vérifier le placard pour voir s'il a fait sa valise.

2. Les femmes sont plus intuitives. Je sais, ça semble horriblement sexiste. Mais il y a de la science derrière cette affirmation. Dans une étude menée par l'université de Cambridge, avec des collaborateurs d'Australie, de France, des Pays Bas et des États-Unis, des chercheurs ont testé quatre-vingt-dix mille personnes pour déterminer s'il existait des variantes de genre associées à l'empathie cognitive, c'est-à-dire à notre capacité à comprendre l'état émotionnel d'un autre individu d'un simple coup d'œil. On a montré aux sujets différentes photographies des yeux d'une personne, puis on leur a demandé d'évaluer l'humeur de cette personne. Les résultats : les femmes ont toujours été plus performantes que les hommes[2].

---

2. Varun Warrier et autres, « Genome-Wide Meta-Analysis of Cognitive Empathy : Heritability, and Correlates with Sex, Neuropsychiatric Conditions and Cognition », *Molecular Psychiatry* 23, 2018, p. 1402-1409, https://www.nature.com/articles/mp2017122.

La science n'a pas encore d'explication pour cette constatation, mais je pense que Dieu en a une. Il a créé les hommes pour qu'ils aient plus de masse musculaire et des instincts proactifs différents des nôtres. Il a donné aux hommes et aux femmes de l'ocytocine, également connue sous le nom d'hormone de l'amour, qui est associée à l'empathie, à la confiance et à l'établissement de relations. Mais en général, les femmes l'ont à des doses plus élevées.

Mon conseil? Achetez un livre sur les relations. Proposez à votre mari une escapade ou quelques séances de conseil conjugal. Au lieu d'être frustré quand il ne sent pas l'extase dans votre mariage, remerciez Dieu d'avoir été créée avec des sens plus aiguisés.

3. Vous vous ennuyez peut-être tout simplement. Parfois, lorsque nous avons l'impression que quelque chose ne tourne pas rond dans notre couple, il s'agit en fait d'un simple coup de cafard.

Alors que j'écrivais ce livre, le mari de mon amie Leah a dû, de manière inattendue, travailler à la maison. Au milieu de cette abondance de vie commune, je lui ai demandé comment elle gérait la situation lorsqu'elle avait parfois l'impression que son mariage était loin d'être épanoui.

Elle me répondit : « Nous essayons de prévoir une soirée pour nous retrouver et oublier un peu les facteurs de stress à la maison. J'ai beaucoup de mal à me détendre lorsque je vois la lessive, la vaisselle et le désordre qui s'accumulent. Comme nous avons la chance d'avoir une fille adolescente qui peut s'occuper des plus jeunes, nous prenons la liberté de nous évader ensemble, même s'il s'agit d'aller chercher les repas dans notre restaurant préféré et de manger dans la voiture. »

Leah m'a dit que ses parents parlaient toujours de l'amour et du mariage comme d'une onde sinusoïdale ou de montagnes russes. Il y a des points bas, des périodes qui nécessitent le mode survie, mais si vous vous accrochez mutuellement, les hauts reviennent. « Josh et moi pouvons traverser des périodes difficiles en sachant que le plaisir, l'amusement et l'amour que nous avons l'un pour l'autre et l'un avec l'autre referont surface un jour. »

> Ma femme et moi avons décidé de faire des marches de 3 kilomètres plusieurs fois par semaine. Nous menons tous deux une vie très active. Nous marchons sur un sentier qui longe une voie de chemin de fer non loin de chez nous, profitant du tracé et de la beauté que la nature nous offre en chemin.
> Au début de nos promenades, nous discutons des événements et des préoccupations qui ont marqué notre journée. Lorsque nous reprenons le chemin de la maison, nous décidons consciemment de nous encourager mutuellement et de discuter de nos projets d'avenir. Ces promenades nous permettent de faire de l'exercice et nous assurent un temps de qualité dont nous avons tous deux besoin. Nous avons la liberté d'exprimer nos difficultés quotidiennes et de rattraper le temps perdu, mais ensuite, lorsque nous nous tournons vers la maison, nous exprimons notre reconnaissance l'un à l'autre et à Dieu pour la façon dont il nous a bénis. — Dr Mike

Mon conseil? C'est parfois l'engourdissement de la relation qui est le problème, et il suffit de passer du temps ensemble. Dans un monde parfait, vous alterneriez pour trouver des idées ou planifier toutes vos sorties ensemble. C'est difficile quand on a l'impression que c'est toujours au même, à vous en l'occurrence, d'ajouter un peu de piquant. Je pense que nous sommes d'accord sur le fait qu'essayer de changer nos hommes est le travail de Dieu et non le nôtre, alors si l'alternative à la prise d'initiative est de rester dans l'ennui, ne vaut-il pas la peine d'abandonner l'idée de « Pourquoi dois-je toujours être la seule à ________ ? » et de passer à la planification de quelque chose de ludique ?

Habillez-vous et faites semblant, le temps d'une soirée, de ne pas être tout le temps ensemble. Cherchez sur le Net des questions pour entamer une conversation sur le mariage. Flirtez comme si vous ne ramassiez pas ses chaussettes sales tous les matins et qu'il ne vous voyait pas dormir la bouche ouverte.

Habillez-vous et faites semblant, le temps d'une soirée, de ne pas être tout le temps ensemble. [...] Flirtez comme si vous ne ramassiez pas ses chaussettes sales tous les matins et qu'il ne vous voyait pas dormir la bouche ouverte.

4. Il cache peut-être quelque chose. Que faites-vous lorsque vos sens aiguisés détectent un tic-tac qui devient de plus en plus fort ? Toute occasion forcée de se retrouver ensemble peut mettre en évidence les excuses d'un conjoint qui s'éclipse pour aller « s'entraîner » ou qui envoie des SMS au milieu de la nuit. Les liaisons et autres formes de trahison apparaissent au grand jour. La pornographie, la dépendance au jeu, l'alcoolisme, les troubles de l'alimentation, l'addiction au commerce en ligne et la consommation de drogues illicites sont plus difficiles à dissimuler lorsque vous partagez des locaux étroits.

Et soyons honnêtes. Cette liste de péchés secrets s'applique aussi aux femmes. Une étude de 2018 a révélé que 73 % des femmes ont déclaré avoir regardé du porno sur Internet au cours des six derniers mois[3]. Une enquête de 2013 a révélé que

3. Grant Hilary Brenner, « When Is Porn Use a Problem ? », *Psychology Today*, 19 février 2018, https://www.psychologytoday.com/us/blog/experimentations/201802/when-is-porn-use-problem.

57 % des joueurs en ligne sont des femmes[4]. Si l'on ajoute à cela la facilité des achats en ligne créant un potentiel de dépendance, ou la « facilité » de trouver un « ami » masculin sur Internet, il faut admettre que nous sommes tout aussi vulnérables que nos hommes.

Mon conseil? Avant que le compteur de bombes n'affiche le zéro, demandez de l'aide. Parlez-en à un pasteur ou à un conseiller de confiance. Refusez d'être le partenaire responsable de votre mari. Il a besoin d'un autre homme, quelqu'un qui ne craint pas d'être dur. Avec votre propre conseiller, vous pouvez travailler au pardon et, si votre conjoint le veut, devenir son plus grand supporter.

Je sais que cela peut sembler banal pour quelqu'un qui se trouve au milieu d'une véritable crise conjugale, mais Dieu est l'auteur des secondes chances. Et de la grâce. Et de la miséricorde. Et du pardon. Et de la réconciliation. Il a écrit le Livre sur ce sujet.

Et si *vous* êtes celle dont le péché est révélé ? Priez. Demandez de l'aide et rendez des comptes. Soyez transparente avec votre conjoint. Continuez de prier.

Dans le Cantique des cantiques[5], la future épouse Sulamite s'écrie : « Prenez-nous les renards, oui, les petits renards qui ravagent nos vignes quand elles sont en fleur. » Elle vient de vanter les merveilleux traits de son fiancé. De quoi parle-t-elle ici ?

Les renards sont des créatures capables de détruire les vignobles. Les « vignes en fleurs » symbolisent leur amour grandissant. En d'autres termes, elle dit : « Attrapez ce qui pourrait faire échouer notre relation. Mettons en place des mesures de

4. « Gambling Statistics : Gambling Stats from Around the World », Gambling.net, consulté le 17 juin 2021, https://www.gambling.net/statistics.php.
5. Cantique des cantiques 2.15.

protection pour empêcher tout ce qui pourrait endommager notre amour l'un pour l'autre. »

Que vos renards soient de petites choses comme le fait de ne pas considérer l'autre à sa juste valeur, ou de grandes créatures terrifiantes comme l'addiction ou l'infidélité, notre prière est qu'avec l'aide de Dieu, vous puissiez les attraper avant qu'ils ne causent des dommages irréparables. Dieu est le héros de votre histoire, et son auteur. Laissez-le écrire pour vous un grand « à partir de ce jour, ils vécurent toujours heureux » époustouflant.

CHAPITRE 8

Les péchés que le désodorisant ne peut pas masquer

~ *Becky* ~

Quand je suis la dernière à me lever le matin, je fais le lit. Quand *il* est le dernier à se lever le matin, je fais le lit.

Je laisse les portes des placards ouvertes pendant que je cuisine. Je laisse couler l'eau longtemps après avoir rempli la casserole. Je plie les vêtements sur notre lit… et ils sont toujours là quand il est temps de se glisser dans les draps.

Il entreprend un projet (comme décoller le plâtre boursouflant caché par le rideau sous le rebord de la fenêtre de la cuisine) pendant que je cuisine et que je nettoie en vue d'une visite.

Il s'assoit dans le fauteuil quand il revient d'une longue course. En sueur dans ses vêtements. Et ces vêtements, quand nous partageons 24 mètres carrés de camping-car, sont humides, ils sentent mauvais, et pour les sécher, il les pose sur tout ce qu'il trouve.

Dans notre chambre à coucher par ailleurs assez bien rangée, le meuble-lavabo encastré que je n'utilise jamais à des fins futiles est un fourre-tout. Foulards, bijoux, flacons de lotion, produits capillaires, reçus, et autres trucs vidés de ses poches. Une véritable pharmacie naturelle pousse à côté de son évier. Des flacons de vitamines qui devraient être sur une étagère entourent le lavabo comme des sentinelles gardant les minuscules poils qui jonchent la porcelaine. Et ces poils...

Voulez-vous ajouter votre liste d'habitudes agaçantes à la mienne ?

Vous souvenez-vous que nous vous avons demandé de découvrir le pourquoi de son comportement ? Il est temps de retourner la question du pourquoi contre vous. Pourquoi le bruit qu'il fait en mâchant vous dérange-t-il ? Pourquoi avez-vous envie de crier en essuyant ses empreintes digitales collantes sur le pot de gelée de raisin... une nouvelle fois ?

Et puis il y a le revers de la médaille : Pourquoi est-ce que j'oublie toujours de fermer les portes des armoires ? Pourquoi ne pas plier les vêtements dans la buanderie ? Pourquoi continuez-vous à mettre le beurre dans le réfrigérateur alors que vous savez que le « beurre dur comme de la pierre » est l'un de ses déclencheurs les plus explosifs ? (Oh, attendez, ce n'est pas vous. C'est moi. Mais j'ai arrêté cette fâcheuse habitude deux jours après notre lune de miel).

Contrairement aux huîtres, l'irritation dans un mariage est incapable de produire une perle.

Pourquoi certaines des bizarreries de notre CALM (Conjoint À La Maison) nous irritent-elles ? Et surtout lorsque nous occupons le même espace pendant une période prolongée ? Examinons les raisons possibles.

C'est légitime : La Déclaration des droits de l'homme ne déclare pas que chacun a le droit à la vie, à la liberté et à la possession d'une collection de figurines de grenouilles qui remplit tous les coins et recoins de la maison. Elle n'accorde pas le droit de chanter des airs d'Opéra dans la voiture pendant que votre conjoint lit, ou de commencer à adopter des chats errants alors que le conjoint est allergique au poil de cet animal.

Certaines choses doivent changer. Une discussion calme, utilisant des déclarations « J'ai l'impression » plutôt que des accusations « Tu me donnes l'impression », est un bon point de départ. Si cela ne fonctionne pas, vous aurez peut-être besoin de l'intervention d'une tierce personne neutre.

Contrairement aux huîtres, l'irritation dans un mariage est incapable de produire une perle.

Il s'agit d'autre chose : Vous êtes-vous déjà demandé pourquoi son doux fredonnement pendant que vous jouez aux cartes est parfois réconfortant et d'autres fois, il vous agace comme un grincement de polystyrène ? Il y a probablement un autre problème qui couve dans votre cerveau. Il a fait ce commentaire grossier sur votre mère. C'était son tour de sortir les poubelles, mais il vous a laissé cette corvée. Il ne vous a pas dit « Je t'aime » depuis… laissez-moi regarder le calendrier… cinq jours. Il est également possible que tout ce qu'il fait vous irrite parce qu'il ne fait pas ce que vous voulez qu'il fasse. C'est la situation dans laquelle Leah s'est retrouvée.

Leah avait des projets qu'elle voulait voir réalisés dans la maison. Bien que son pasteur de mari, Josh, ait un emploi du temps chargé à la maison, avec des réunions en ligne et l'obtention de sa maîtrise, il a accepté de l'aider à peindre les boiseries de la maison.

Dès le début, elle a pu constater qu'il n'était pas passionné par le projet. « Le premier jour, il n'a cessé de parler de déplacer notre piano droit (légèrement désaccordé, mais parfait par ailleurs), de le transformer en meuble-support, et mettre à sa place le piano électrique ; l'ancien piano pourrait alors également servir de bureau, raconte Leah. Je n'étais pas d'accord, mais je lui ai dit que ce serait un bon projet pour le *futur*. L'instant d'après, il a démonté le piano et les pièces sont éparpillées dans le salon. »

Au cours des jours suivants, Josh a aidé (un peu) à réaliser les projets de la liste de Leah, mais le réaménagement du piano a occupé la majeure partie de son temps libre et a réduit le temps passé en famille.

Très vite, Leah s'est surprise à penser des choses qu'elle sait ne pas être vraies : « Josh ne s'intéresse pas aux choses qui m'intéressent. Nous ne pourrons *jamais* nous entendre. »

Vous comprenez ? Moi, oui.

Leah a finalement parlé à un ami de confiance qui l'a patiemment écoutée, puis a prié avec elle. Moins de douze heures plus tard, elle considérait à nouveau Josh comme son ami, son partenaire et son amour. Oui, les boiseries ont finalement été peintes, et elle dit : « J'ai finalement admis qu'un piano converti en bureau serait pratique. »

Alors, avant de lui reprocher cette petite chose qui vous agace en ce moment, faites un « inventaire des irritations ». Que se passe-t-il d'autre ? Si tout va bien entre vous deux, vous baisser pour ramasser des chaussettes sales ou l'écouter chanter une chanson ridicule sous la douche ne fera pas monter votre tension d'un seul point.

Même si cela va sans dire que votre conjoint, comme le mien, a beaucoup plus de manies agaçantes que nous, femmes vertueuses, ce n'est que justice d'admettre que nous aussi, nous faisons quelques petites choses qui les irritent. Il est donc temps d'inverser les rôles et de se demander pourquoi je continue à faire les choses qui, je le sais, l'irritent.

Examinons quelques raisons possibles.

Je n'en ai aucune idée : Je ne me rends vraiment pas compte que trois portes de placard sont ouvertes… jusqu'à ce qu'il entre et commence tranquillement à les fermer. Ou qu'il se cogne la tête contre l'une d'elles. Que pouvons-nous faire contre ces habitudes bien ancrées ? Je pourrais utiliser la défense de mon fils Scott : « Le désordre nourrit la muse créatrice ». (Où donc a-t-il bien pu trouver ce proverbe ?) Ou je pourrais me laisser une note : « *Fermer les placards* ». Écrire des notes ou faire un nœud à son mouchoir fonctionne pour à peu près tout. Mais soyez patient avec vous-même. « On » dit qu'il faut vingt et un jours pour se défaire d'une habitude.

Je le fais exprès : Nous arrivons maintenant à des détails peu glorieux. Mais nous sommes toutes passées par là, n'est-ce pas ? « Il va comprendre ! S'il continue à faire *ceci*, je vais commencer à faire *cela* ! »

Je n'ai trouvé qu'une seule chose qui brise ce cycle : la repentance. Nous devons nous mettre à genoux devant le Dieu qui nous aime et qui aime le concept du mariage et confesser notre mauvaise attitude. Et ensuite faire volte-face. Besoin d'aide ? Que dites-vous de ce rappel ? « Mais le fruit de l'Esprit, c'est l'amour, la joie, la paix, la patience, l'amabilité, la bonté, la fidélité, la douceur et la maîtrise de soi[1]. »

Aucune d'entre nous ne veut être connue comme le conjoint qui ressemble plus à un mauvais colocataire qu'à une compagne de vie, bien attentionnée.

Avez-vous déjà lu ce verset et dit « Aïe ! » ? Moi, oui. Il serait facile de l'utiliser comme une grille d'appréciation de nos conjoints, n'est-ce pas ? L'amour ? Pas tellement aujourd'hui. La gentillesse ? Il faut y travailler. La maîtrise de soi ? Cette télécommande est restée dans sa main pendant cinq heures d'affilée ! Mais Dieu n'a pas permis que ces paroles soient écrites pour nous servir de guide pour mesurer les bizarreries et les défauts de notre conjoint. Il s'agit d'une liste de vertus destinée à toi, à moi et à nos compagnons. Des dons que nous pouvons choisir d'utiliser ou d'ignorer. Et si nous faisions le pacte de demander chaque jour à Dieu de nous aider à être plus aimantes, joyeuses, paisibles, patientes, gentilles, bonnes, fidèles, douces et maîtresses de nous-mêmes dans nos mariages ?

1. Galates 5.22-23.

Cynthia

Quand un conjoint se conduit-il comme un mauvais colocataire ? Il mange ce que vous avez prévu pour le déjeuner ou le dîner. Néglige de remplacer le rouleau de papier toilette. Il laisse du désordre qui devient une source d'embarras pour vous… voire un risque pour la santé. Il ne laisse pas de mot pour vous dire où il va. Considère que c'est une contrainte de déposer votre colis à la poste alors qu'il passe devant en allant à … eh bien, *pas au travail.* Utilise les derniers grains de café sans gribouiller « café » sur la liste des achats à effectuer à l'épicerie toute proche.

Aucune d'entre nous ne veut être connue comme le conjoint qui ressemble plus à un mauvais colocataire qu'à une compagne de vie, bien attentionnée. Mais il est si facile de prendre des habitudes dépourvues de la courtoisie élémentaire, surtout lorsque nous sommes fatiguées, stressées ou surchargées, ou fatiguées *et* stressées *et* surchargées, et que nous avons un conjoint à la maison 24 heures sur 24, 7 jours sur 7.

Oui, c'est une très bonne chose d'avoir un conjoint, d'avoir l'amour de sa vie sous le même toit. D'autres personnes ont écrit des livres sur le bonheur d'avoir enfin du temps pour uniquement « nous deux ». Lisez ces livres après avoir lu celui-ci. Mais Becky et moi voulons être les porte-parole de celles qui sont *conscientes* de ce côté merveilleux mais qui souffre d'un manque d'oxygène pour le moment.

J'étais une jeune mariée quand j'ai vécu une histoire semblable à celle de Leah. Pendant que son mari démontait un piano dans son salon, le mien posait une vieille couverture sur le tapis du salon de notre premier appartement et démontait une moto. Parfaitement ! L'homme dont je devais me souvenir que je l'aimais. Notre petit appartement, de la taille d'une moto, semblait un appartement de rêve. Avant. Je n'avais même pas envisagé de le décorer avec des pièces détachées de moto, dont la plupart sentaient l'huile de moteur, l'essence, la saleté ou un mélange des trois. Ai-je mentionné que notre kitchenette d'un mètre vingt sur un mètre quatre-vingts donnait sur le salon ?

> Quand un couple dit : « On étouffe ici », Dieu ne dit pas : « Eh bien, sortez ! » Il dit : « Ouvrez une fenêtre. »
>
> — Cynthia

Aujourd'hui, je me rends compte que le fait de lui pardonner pour ce qu'il avait fait de notre cuisine n'avait rien de particulièrement noble de ma part. L'homme n'avait pas de garage. Nous possédions une voiture, dont je me servais pour aller travailler dans une autre ville. La moto rouillée était son seul moyen de transport pour se rendre à l'école et à son travail à temps partiel. Nous n'avions même pas d'emplacement pour voiture ni d'allée, seulement les places dans la rue. Il n'avait pas d'endroit pour démonter sa moto. Et après tout, il avait sagement pensé à poser une vieille couverture sur le tapis.

En repensant à toutes ces années, marquées par des milliers d'offenses entrecoupées d'autant de présentations d'excuses, je pensais avoir été lésée. Mais il n'était qu'un jeune marié qui essayait de tenir le coup et de réparer ce que nous ne pouvions pas nous permettre de faire examiner par un mécanicien.

Que dirais-je à cette jeune mariée maintenant, si je pouvais ? Je lui recommanderais de pardonner à l'avance tout ce que cet homme pourrait faire dans le futur… c'est-à-dire là où j'en suis maintenant.

Et de me pardonner d'avance pour toutes les fois où j'aurais besoin de la grâce de Dieu pour couvrir mes manquements.

Pardonne-moi, Supermari, car j'ai péché contre toi si souvent quand je n'étais pas assez informée, quand je ne comprenais pas tes raisons, quand je ne voyais pas la raison de m'écarter, pour prendre un peu de recul et mieux voir ton cœur.

Voilà. C'est fait. Je suis guérie. Je ne serai plus jamais négligente, impatiente, irritable, ou égoïstement déguisée en protectrice de moi-même.

Le téléphone sonne. Excuse-moi un instant. Oui, j'écris et lui, il ne fait rien en ce moment. Et le téléphone est dans l'autre pièce et à deux mètres de lui. Mais il s'attend toujours à ce que ce soit moi qui réponde au téléphone quand il sonne.

Alors apparemment… Je ne suis pas guérie. Mais il y a longtemps que j'ai pardonné d'avance. J'avais juste besoin d'un rappel.

Que faudra-t-il faire pour naviguer sur la superficie exiguë de notre maison (et dans le volume du mariage) lorsque le fait d'être ensemble tout le temps ressemble à un T-shirt trop serré tissé de laine d'acier, de Super Glue et d'épines de roses ? Une bonne dose de pré-pardon, d'apprentissage et de réapprentissage, de rappel de ce que nous savons être juste, édifiant et renforçant la relation.

Que faudra-t-il faire ? À vrai dire, il s'agit d'un « qui » et non d'un « que ». Dieu ne se contente pas de nous instruire, il nous donne les moyens de prendre en compte les besoins des autres, de réinstaller les filtres buccaux perdus[2], de pardonner abondamment (et même de pré-pardonner), de nous honorer l'un l'autre et, ce faisant, d'honorer le Christ.

Une simple formule ? « Confiez tout cela à Jésus. Et voilà ! Bonheur conjugal. »

Eh bien non.

2. Voir Jacques 4.

Les pensées de Dieu sur le don de l'estime d'autrui

Que votre parole soit toujours empreinte de la grâce de Dieu et pleine de saveur pour savoir comment répondre avec à-propos à chacun. (Colossiens 4.6)

De la même bouche sortent bénédiction et malédiction ! Mes frères et sœurs, il ne faut pas qu'il en soit ainsi. (Jacques 3.10)

D'aimables paroles sont comme un rayon de miel : douces pour l'âme et bienfaisantes pour le corps. (Proverbes 16.24)

Supportez-vous les uns les autres, et si l'un de vous a quelque chose à reprocher à un autre, pardonnez-vous mutuellement; le Seigneur vous a pardonné : vous aussi, pardonnez-vous de la même manière. (Colossiens 3.13)

L'estime mutuelle : soyez les premiers à la manifester. (Romains 12.10)

Même l'âme la plus soucieuse d'autrui est câblée pour l'autoprotection. Nous n'avons pas besoin qu'on nous apprenne à cligner des yeux lorsqu'un objet vole vers nos yeux. Nous ne prenons pas de cours pour apprendre à faire un pas en arrière lorsque nous touchons quelque chose de trop chaud, ou à protéger nos yeux d'une lumière solaire trop vive. Nous sommes construites par notre Créateur avec des instincts de survie.

Mais parfois, l'instinct de conservation se transforme en égoïsme ou en égocentrisme. Nous sommes bien conscientes de nos propres besoins. Pas tellement des besoins de la personne qui respire plus de 50 % de l'air alloué dans notre maison.

Mais au moins certains de nos faux pas sont moins sinistres que cela. Nous n'avons peut-être pas assez d'informations pour comprendre que la paille sur laquelle nous marchons est la dernière de notre conjoint. Ou que l'infraction mineure d'avoir omis d'acheter des œufs au magasin signifie que le dessert spécial qu'il avait prévu de préparer (disons *il*, parce qu'il n'y a rien de plus beau qu'un homme qui cuisine. Je ne connaissais pas l'expression, mais j'en ai entendu parler) est gâché pour toujours et à perpétuité.

> Pour le non-cuisinier : si la cuisine est un territoire étranger, n'hésitez pas à demander où se trouve la râpe à fromage. YouTube peut tout vous apprendre, depuis comment faire bouillir un œuf jusqu'à comment organiser un dîner pour vingt personnes.
> — Becky

Pré-pardon. Considération. Gentillesse ouverte. Une réponse toute faite pour le bonheur conjugal ? Certainement pas.

Pour l'épanouissement du couple, il faut que chacun soit fidèle dans tous les domaines : mental, émotionnel, spirituel et physique. Survivre aux petites contrariétés et aux plus grandes, celles que la Convention de Genève ne considère pas comme une torture, comme lâcher des gaz sous les couvertures, sera toujours un exercice pour apprendre à être « pleins d'affection les uns pour les autres et [...] d'estime réciproque »[3].

Prenez plaisir à vous honorer l'un l'autre. Ce passage de la Bible parlait spécifiquement des relations entre les personnes devenues une « famille » par la foi en Jésus-Christ. À combien plus forte raison devrait-il s'appliquer à ceux qui deviennent une famille lorsqu'ils s'engagent mutuellement dans le mariage.

Accordez-vous une préférence mutuelle. Honorez-vous l'un l'autre. Ayez de la considération l'un pour l'autre.

---

3. Cf. Romains 12.10, *Segond 21*.

Peut-être s'agit-il d'une bonne formule après tout.

Les lois de la miséricorde (par opposition aux lois de Murphy) dans le mariage

- Il est non seulement opportun mais sage de pardonner d'avance à son conjoint. Dans son classique *Les fondements du christianisme*, C. S. Lewis écrit : « Chacun reconnaît que l'idée du pardon est merveilleuse, mais combien difficile à mettre en pratique[4]. »
- Si votre conjoint vous déçoit, il est probable qu'avant la fin de la journée, vous ferez quelque chose qui le blessera. Ne laissez pas la déception moisir et se transformer en dégoût.
- Souvenez-vous que les défauts que vous voyez chez votre conjoint sont en réalité des forces déguisées, ou des forces dans une mauvaise humeur temporaire.
- Tout ce que Dieu veut voir se produire dans une église, dans le monde, il veut le voir se produire dans les familles et les couples : unité, pardon, gentillesse, compassion, humilité, respect…
- Il est difficile de rester en colère contre quelqu'un pour qui on prie.

— Cynthia[5]

4. C. S. Lewis, *Les fondements du christianisme*, LLB, 2006, p. 123.
5. Il s'agit d'un extrait d'un script radiophonique de *Heartbeat of the Home* écrit et produit par Cynthia Ruchti.

CHAPITRE 9

Nous dansons mais pas sur la même musique

Cynthia

Saviez-vous que la distance entre les partenaires de danse sur glace en compétition ne doit pas dépasser deux longueurs de bras à tout moment d'un enchaînement de danse ? Au début et à la fin de la danse libre, le couple peut se séparer pour un maximum de dix secondes sans restriction sur la distance. À tout autre moment, chaque séparation de deux longueurs de bras au maximum ne doit pas durer plus de cinq secondes[1].

La vie quotidienne n'est pas ainsi, et ne devrait pas l'être. Je vois déjà le numéro comique : un mari et une femme menottés l'un à l'autre pour ne pas enfreindre la règle « aucune distance entre nous ». Le brossage des dents serait un désastre, sauf si l'un des deux est gaucher. Non, attendez. C'est toujours un désastre si les mains dominantes sont menottées. Pouvez-vous

1. « USFS General Dance Rules & Regulations », San Diego Figure Skating Communications, 2011, https://www.usfigureskating.org/about/rules.

imaginer un aspect de la journée qui ne serait pas plus compliqué si vous étiez physiquement (ou virtuellement, comme dans le cas des compétiteurs de danse sur glace) menotté(e) à votre partenaire ?

Une telle proximité dogmatique n'est pas le genre de danse maritale douce que Dieu a voulu nous faire apprécier. Dans les temps bibliques, les maris et les femmes passaient une grande partie de leur journée séparés, engagés dans des activités qui permettaient de subvenir aux besoins de leur foyer, de nourrir et d'éduquer leurs enfants.

La beauté de la danse sur glace réside dans la synchronisation des mouvements, mais pas toujours dans leur duplication. De brefs moments de séparation, puis de retour ensemble. Des mouvements pratiqués qui permettent à chaque partenaire de progresser dans le programme d'une manière harmonieuse et gracieuse.

Les amateurs de danse sur glace considèrent souvent l'interprétation du *Boléro* par Torvill et Dean, les médaillés d'or de Jeux Olympiques de 1984, comme l'exemple le plus complet de ce sport à son meilleur niveau. Intime. Puissant. Élégant. Les deux se déplaçaient comme un seul homme, mais aussi comme des individus réagissant l'un à l'autre. Si vous n'avez pas vu ce spectacle classique en ligne, cela vaut peut-être la peine de le regarder sous l'angle de ce qu'il peut nous apprendre sur la façon de bouger en synchronisation les uns avec les autres lorsque nous sommes tout le temps à la maison[2].

Les instructeurs de danse de salon mettent un point d'honneur à encourager ceux dont les premières leçons semblent maladroites, lorsque des élèves inexpérimentés se marchent littéralement sur les pieds. Ce n'est pas très différent d'un couple marié qui se dispute la douche, le dernier morceau de poulet

2. « Torvill & Dean Bolero - 1984 Olympic Winning Routine », Vienna81, 1er février 2008, vidéo, 8:34, https://youtu.be/E8obUdxnTlc.

restant ou la place au volant. Les instructeurs prodiguent leurs encouragements parce qu'ils savent qu'il faut de la pratique pour être en synchronisation avec les autres au lieu de trébucher les uns sur les autres.

Il est peut-être plus facile de s'identifier à l'analogie de la danse si l'on imagine qu'un partenaire tente une valse et que l'autre pratique la salsa. Les deux écoutent de la musique. Tous deux bougent leurs pieds. Mais l'un d'eux pourrait se blesser.

Il faut être un danseur habile pour pouvoir se glisser dans les espaces étroits entre les pieds de l'autre. Cela demande de la pratique, et pas seulement de la longévité. C'est plus que le nombre d'années passées ensemble.

Nous pouvons, cependant, apprendre à écouter la musique qui résonne dans la tête de notre partenaire.

Un professeur de danse peut faire preuve d'une patience peu commune lorsque ses élèves passent lentement du stade où ils comptent à voix haute et fixent leurs pieds du regard à celui où ils ressentent la musique et glissent ensemble sur le sol. Le professeur peut dire au mari : « Inutile de hurler vos instructions à votre femme. La légère pression de votre main sur le bas de son dos suffit pour qu'elle anticipe la direction que vous allez prendre tous les deux. »

Tout comme un danseur professionnel communique une élégance tacite, il nous est possible de synchroniser les mouvements de notre mariage pour que notre relation devienne une forme d'adoration qui honore Dieu, nous enrichisse et serve d'exemple à d'autres qui en sont encore à la phase de trébuchement l'un sur l'autre.

Supermari et moi avons travaillé sur la réparation des planchers de bois centenaires qui ont été malmenés pendant la rénovation de notre maison. Il avait d'autres choses à faire, moi aussi. Mais le projet nous apprend de meilleurs enchaînements de danse émotionnelle et relationnelle.

Il s'agit en partie de synchroniser nos compétences (il manie mieux une scie circulaire et je suis meilleure dans l'art du puzzle : trouver de nouvelles planches pour remplacer les planches manquantes ou endommagées par le feu). Nous nous encourageons à tour de rôle pendant le processus long, lent et artisanal. Oui, je répète, « artisanal ». Nous fabriquons les planches de remplacement avec du bois que mon mari a récupéré d'un grand érable qui ornait autrefois notre cour. Lorsqu'il enlève une lame de parquet endommagée, je suis prête avec l'aspirateur pour débarrasser la zone de la sciure, comme une infirmière répondant à la demande d'un chirurgien « Aspiration ! »

Je mesure mal. Il me pardonne.

Il érafle une planche lorsque la scie circulaire fait des bonds. Je lui pardonne.

Des journées longues et difficiles. Des pas de danse compliqués et calculés alors que nous essayons de tirer le meilleur parti de notre réserve limitée d'érable et de trouver comment injecter du Botox dans un plancher qui révèle son âge.

Mais nous écoutons la même musique. C'est un projet qui nous tient à cœur et dont nous savons qu'il en vaudra la peine au bout du compte. La possibilité d'utiliser le bois d'un arbre que nous connaissions ajoute une touche de sentimentalité.

Mais que se passe-t-il si aucun de vous ne reconnaît l'air, et si le rythme est complètement erratique et difficile à suivre ? Et si le moment ne vous paraît pas particulièrement favorable, et s'il est même totalement défavorable ? Peut-être êtes-vous souvent ensemble parce que l'un s'occupe de l'autre pour cause de maladie, de blessure ou d'opération ? Ou parce que la situation est dangereuse au-delà des portes de votre maison ? Ou à cause d'une perte d'emploi ? Ou parce qu'une double perte d'emploi vous oblige à rester à la maison, que vous le vouliez ou non ?

Vous vous serrez dans les bras et vous vous balancez lentement. C'est toujours de la danse.

Des danseurs fluides, semblables à ceux des ballets, se déplacent sur le sol, jamais trop loin les uns des autres, mais sans jamais trébucher non plus, avec des actions opposées et des actions en miroir, en écoutant la musique et en s'écoutant les uns les autres. Lorsque la chorégraphie l'exige, ils créent de l'espace, pas de la distance.

Le mariage est comme cela. Nous apprenons à respecter l'espace personnel de l'autre sans le laisser devenir une distance.

Becky

Il y a deux côtés de moi,
chacun ayant besoin d'un temps égal :

Donne-moi de la musique	*Donne-moi de l'espace*
Donne-moi de la couleur	*Donne-moi du calme*
Donne-moi des rimes	*Donne-moi du temps*

Un autre poème déterré des archives. Je pense que je l'ai écrit dans mon « bureau » inachevé au grenier, gelé en hiver et torride en été, pendant que le Docteur Câlins et nos garçons étaient en bas en train de regarder *Shérif, fais-moi peur*. À l'époque où j'avais l'impression que le rythme effréné de la vie d'épouse et de mère étouffait ma personnalité à l'esprit libre, de hippie en herbe, de poète aux pieds nus et aux cheveux fleuris.

Je voulais écrire. Je voulais du temps, et assez de calme pour entendre mes propres pensées. Ou la liberté d'écouter mon disque vinyle de Simon & Garfunkel à plein tube.

Je voulais que mon mari comprenne tout cela. Je voulais qu'il sache instinctivement quand j'avais besoin de temps seule. Je voulais qu'il le comprenne.

Mon mari n'est pas un poète. Il n'est pas arrivé dans notre mariage, préprogrammé avec le besoin de construire un nid d'oreillers et de couvertures douillettes, meublé de livres et de journaux et d'une infusion de thé Red Zinger sucré au miel brut.

Il n'a pas besoin de temps seul… c'est pourquoi il ne reconnaît pas ce besoin en moi.

Je corrige : il *ne* l'avait *pas* reconnu.

Il n'a pas non plus (c'est résolument du passé !) reconnu mon besoin de passer du temps avec des amies ou d'autres écrivains. Une fois, environ dix ans après notre mariage, alors qu'il était étudiant en chiropraxie à plein temps et que j'étais mère au foyer, je me suis penchée pour l'embrasser avant de partir pour une réunion mensuelle d'écrivains. Il m'a dit avec un sourire crispé : « J'aimerais que tu puisses faire ces choses sur ton propre temps libre. »

Sur mon… *QUOI* ? (J'aurais utilisé pour cette réaction des caractères de police 164 ici si l'espace l'avait permis.)

Nous avions trois enfants à l'époque. Je répète : mon *quoi* ?

Un de mes amis appelle le genre d'interactions qui s'ensuivirent « communion intense ». Un si bel euphémisme pour « Es. Tu. En train de te moquer. De Moi ? Quand est-ce que je prends le temps : de respirer, d'aller aux toilettes ou de prendre une douche, d'avoir un lieu que je pourrais appeler mien ? Et *toi…* »

Comme j'aimerais pouvoir rembobiner et effacer cette scène. Et si je m'étais arrêtée pour lire entre ses lignes ? Et si, à la place, j'avais entendu ce qu'il n'a pas exprimé ? « J'ai été en cours toute la journée. Je suis épuisé et j'ai des devoirs. Chercher les enfants va empiéter sur mon temps d'étude, ce qui veut dire que je vais me coucher tard et que j'ai un examen demain… » Ou encore : « Nous n'avons pas assez de temps à nous deux comme ça. Tu me manques. Je comprends que tu en as besoin, mais n'y a-t-il pas des réunions d'écrivains pendant la journée ? On peut se payer une baby-sitter pour quelques heures. »

Et s'il avait vraiment dit ces mots… bien avant que je ne sorte d'ici en colère ?

Nous avons appris au fil des ans. Nous avons étudié nos rythmes respectifs et trouvé des moyens de nous synchroniser par moments et de nous séparer à d'autres moments. Pendant qu'il danse au rythme d'un talk-show politique dans le salon, je décharge le lave-vaisselle en écoutant de la musique de louange ou un podcast sur l'art d'écrire. Nous avons un bon équilibre entre le temps passé avec nos amis, la poursuite de nos propres intérêts et le temps passé ensemble.

Mais parfois, alors qu'on pense avoir mémorisé le rythme et avoir répété tous les pas, le conjoint change de piste de lecture. Le type qui était habituellement assis dans la voiture avec les enfants et attendait que vous arrêtiez de bavarder avec chaque personne à la sortie de l'église est maintenant celui qui discute avec le pasteur pendant que vous êtes assise dans la voiture avec un estomac qui gargouille et de la vapeur qui vous sort des oreilles… dans un parking vide.

Ce n'est pas hypothétique. J'étais beaucoup plus extravertie que je ne le suis maintenant. J'avais un cas sérieux de PDRQ. La Peur De Rater Quelque chose m'obligeait à rester en mouvement. Ajoutez à cela la peur de dire non (PDDN ne sonne pas vraiment bien, n'est-ce pas ?), et s'il y avait un événement à l'église, j'y étais. Souvent au détriment de la famille et du repos nécessaire. Quelques décennies plus tard, c'est lui qui dit : « On devrait aller… » ou « On devrait inviter… », et c'est moi qui affiche un sourire crispé.

J'aime être avec les gens… une fois que je suis avec eux. C'est la planification à l'avance, alors que je suis à la maison dans mon nid en train de boire une tasse de Red Zinger, qui est beaucoup plus difficile qu'avant.

Accepter que nos rythmes de vie changent, un peu comme les ondes sinusoïdales dont Leah a parlé au chapitre sept, nous évitera d'être pris au dépourvu. Apprendre à accepter les différences ajoute de la couleur et du rythme à ce qui pourrait autrement être une relation plutôt terne. Ma mère avait coutume de dire : « Si vous êtes toujours d'accord sur tout, l'un de vous n'est pas nécessaire. » De bons mots. Pas sûr qu'elle savait qu'elle citait William Wrigley Jr[3].

> En fin de compte, nous avons dû trouver un système qui fonctionne bien pour nous deux. Nous avons dû affiner d'anciens schémas pour nous adapter à notre nouvelle situation. Comme je travaille à la maison, il est plus facile pour mon mari de fixer des limites en tenant compte de mon temps. En tant que professionnel chevronné, il comprend l'importance des délais. Une grande partie de notre harmonie est due à sa sensibilité à mes besoins lorsque je travaille. — Tessa Afshar, autrice et conférencière

Nous pensons vouloir que nos hommes nous soient plus ressemblants. Plus dans notre nuance de couleurs. Plus sensibles, plus intuitifs, plus en phase avec notre rythme de vie. Mais est-ce le cas ? Voulons-nous vraiment que nos hommes soient des clones de nos copines ? Bien sûr, cela signifierait qu'ils pourraient écouter et avoir plus d'intuition, mais nous devrions prendre tout l'ensemble. Y compris le côté dramatique !

Il y a une dizaine d'années, Cynthia et moi avons passé quelques jours extraordinaires à Door County, la pointe pittoresque du Wisconsin. Nous faisions la promotion de *A Door County Christmas*, un recueil de nouvelles que nous avons écrit avec deux amis auteurs. En rentrant chez moi, je me suis arrêtée pour dîner et je venais de reprendre la route, à la tombée de la nuit, lorsque quelque chose a flashé devant moi. Un cerf, les pattes tendues dans un saut gracieux. Quand je l'ai percuté, des objets ont volé. J'étais sûre que c'étaient des morceaux de

3. Les mots originaux du roi du chewing-gum étaient : « Quand deux hommes sont toujours d'accord, l'un d'eux est superflu. » Voir Neil M. Clark, « Spunk Never Cost a Man a Job Worth Having », *American Magazine* 111, mars 1931, p. 63.

cerf. Je me suis rangée sur le côté de la route, je suis sortie, j'ai poussé un soupir quand j'ai vu qu'il manquait la calandre et un phare, et que c'étaient les parties que j'avais vues voler. Puis j'ai vérifié toutes les parties de mon corps, décidé que j'allais bien et fait ce que toute femme moderne et indépendante ferait. J'ai appelé mon mari.

À son crédit, je pense qu'il a demandé si j'allais bien. Puis il a dit : « Peux-tu ramener la calandre ? » et « Si tu peux trouver le cerf, garde-le. »

Hummm... Oui, chéri, je vais m'en occuper.

Je mesure 1 mètre 50. Mais, hé, je suis une femme. Entendez-moi rugir quand je soulèverai cette carcasse sur le toit de mon minivan.

À mon crédit, je n'ai pas engagé une « longue conversation ». J'ai dit au revoir et j'ai mis fin à l'appel. J'ai cherché le cerf et heureusement je ne l'ai pas trouvé. J'ai pleuré un peu. Et puis j'ai fait ce que toute femme moderne et indépendante aurait fait. J'ai appelé une amie.

« Oh, chérie, tu vas bien ? » La voix de Cynthia au bout du fil a été un baume pour mon âme. Quelle bénédiction d'avoir une sœur compatissante avec qui compatir (et rire hystériquement).

Mais quand je suis rentrée à la maison, c'est mon mari qui a diagnostiqué le trou dans le radiateur et réparé le pneu qui m'avait miraculeusement permis de parcourir plus de cent kilomètres avant de se dégonfler.

J'ai besoin des deux.

Vive la différence est une expression française que nous connaissons tous. Imaginez que vous valsiez avec quelqu'un qui fait exactement les mêmes pas que vous au lieu de reculer avec sa droite quand vous avancez avec votre gauche. Le résultat serait une collision, et les choses voleraient. Vive la différence !

Choisissez un mot ou une expression sûre qui permet à l'autre personne de savoir que « j'ai besoin de temps pour réfléchir à cette question, mais je ne t'oublie pas ». Cela peut être aussi simple que « Temps mort », « Je vais réfléchir ». Ou alors, ça peut être plus détaillé. « Je suis un apprenant visuel. Laisse-moi dessiner ce que tu dis, d'après moi. » Ou encore : « Permets-moi de faire quelques recherches en ligne avant de prendre une décision à ce sujet. » Si la phrase ou la formulation est convenue à l'avance et utilisée de manière respectueuse, elle peut mettre un frein à un désaccord qui pourrait autrement s'aggraver. — Cynthia

CHAPITRE 10

Sommes-nous locataires ou propriétaires de ce mariage ?

Cynthia

Dans quelle mesure nous investissons-nous lorsque nous louons un appartement ? Et lorsque nous achetons une maison ? Un bon locataire s'occupe des petites réparations et de l'entretien, et, c'est parfois tout simplement pour récupérer son dépôt de garantie lorsqu'il déménage. D'autres locataires saccagent l'endroit sans aucun égard pour les propriétaires ou l'appartement lui-même.

Vous voulez remplacer la porte d'entrée par quelque chose de plus chaleureux ? Impossible si vous êtes locataire. Vous cherchez à élargir le couloir de circulation de la cuisine au salon ? Non seulement vous ne pouvez pas le faire sans l'autorisation du propriétaire ou du gérant de l'appartement, mais ce serait une perte de temps si vous êtes simplement locataire.

Vous cherchez à constituer un capital qui vous sera utile à long terme ? La location n'est pas la meilleure solution.

L'accession à la propriété s'accompagne d'une toute nouvelle série de possibilités, mais aussi de responsabilités et d'engagements.

Le mariage n'est pas une location. En théorie, nous devenons légalement propriétaires à partir du moment où nous signons l'acte de mariage. Il faut parfois un peu plus de temps pour que les couples s'approprient les aspects émotionnel et relationnel du mariage. Malheureusement, certains ne le font jamais et traitent leur mariage comme s'il s'agissait d'un véhicule de location.

Après avoir surmonté les autres ajustements de la vie, des couples trouvent souvent que les irritations et les frustrations inhérentes à un conjoint présent 24 heures sur 24 et 7 jours sur 7 les renvoient à une mentalité de locataire. L'entretien est du ressort de quelqu'un d'autre, non ?

Eh bien… pas vraiment. Vous ne pouvez pas attendre de quelqu'un d'autre qu'il assume la responsabilité du robinet qui fuit dans votre couple. Il est temps pour chacun de l'assumer. La responsabilité de l'entretien et des réparations, en particulier pendant le temps où *Nous* Sommes à la Maison Tout Le Temps, repose sur les épaules du mari et de la femme. Et il y a certainement des avantages à être propriétaire de son mariage. Si vous louez, vous êtes limités dans les changements profonds que vous pouvez effectuer dans l'appartement. Si vous en êtes propriétaire, vous pouvez décider d'ajouter des éléments, de remplacer ce qui ne fonctionne pas ou de transformer une chambre d'amis inutilisée en abri. Cela rend la propriété du mariage attrayante, n'est-ce pas ?

> En ce moment, mon homme et moi sommes ensemble 24 heures sur 24, 7 jours sur 7. Nous travaillons côte à côte, nos chaises de bureau à un demi-mètre l'une de l'autre, toute la journée, tous les jours. Comme vous pouvez l'imaginer, cela m'a appris beaucoup de choses :
>
> **1.** Il excelle plus que je l'imaginais dans son travail. C'est un manager incroyable pour son équipe, qu'il dirige avec compassion, équité, bonne humeur et encouragement en ces temps instables, tout en faisant des sacrifices invisibles pour sauver l'emploi d'autres personnes.
>
> **2.** Il n'évacue pas son stress et son anxiété sur moi. Même lorsqu'il jongle avec un million de balles et qu'il éteint des incendies à la minute, il me regarde et me sourit ou se lève juste pour me serrer dans ses bras ou se glisse dans la cuisine pour nous prendre une friandise. Il sait comment gérer son stress professionnel sans me blesser. Et je l'apprécie énormément.
>
> — Julie Cantrell[1]

Lorsque vous êtes propriétaire de votre mariage, vous pouvez aborder les grandes questions : Quel projet fixez-vous à votre mariage ? Que faut-il faire pour le réaliser ?

Comme nous l'avons mentionné dans un chapitre précédent, un couple sage s'est finalement « rendu compte que nous voulions la même chose dans notre mariage : nous aimer l'un l'autre ». Connaître votre objectif, à savoir glorifier Dieu par votre vie d'individus et de couple, peut permettre de fixer des limites, encourager les techniques de résolution des problèmes et changer l'atmosphère d'un foyer où l'on est ensemble tout le temps.

---

1. Julie Cantrell, *Into the Free* et *The Feathered Bone*, Thomas Nelson, 2016.

Les partenaires conjugaux qui s'approprient le mariage, qui prennent les devants et font tout ce qu'il faut pour maintenir leur relation en bon état, et encore plus dans les foyers « où nous sommes à la maison tout le temps », apprennent rapidement plusieurs leçons de vie qui sont essentielles :

- Un petit problème non résolu devient presque inévitablement un problème important et coûteux. Un chauffe-eau qui fuit entraîne l'instabilité des supports ; un malentendu non éclairci entraîne l'instabilité du mariage.
- Vous n'êtes pas responsable du bonheur de votre conjoint, mais vous exercez une influence sur l'atmosphère dans laquelle le bonheur peut se développer et prospérer… ou se flétrir et mourir.
- Si les circonstances de la vie donnent l'impression que les murs vous enferment, ne cherchez pas la trappe de secours. Abattez un mur. L'établissement d'un concept ouvert pendant une période (ou une vie !) de fermeture peut exiger l'ajout d'une structure solide au-dessus de la tête, mais il offre plus d'espace pour respirer.
- Si un appartement n'est pas idéal, mais que vous êtes locataire et non propriétaire, le ressentiment s'accumule contre le propriétaire. Si vous êtes propriétaire d'un mariage, le ressentiment peut s'accumuler contre l'autre, ce qui détruit au lieu de réparer.
- Aucune reconstruction ou rénovation ne se fait sans un prix à payer en termes de désagréments, de désordre et de quelques ampoules. Résultat : elle en valait la peine au moment de la prise de décision. Et elle en vaut la peine depuis ce jour-là.

Si nous sommes engagés dans ce mariage pour le long terme, nous prenons des décisions en gardant cet engagement à l'esprit. Devons-nous investir dans ce projet de week-end, une retraite de conjoints ? Quelle importance cela aura-t-il dans deux mois ? Dans vingt ans ? Pourrait-il empêcher nos fondations de s'effondrer ?

Les propriétaires avisés pensent à l'avenir : ils installent des systèmes de sécurité, remplacent les fenêtres sujettes aux courants d'air, imperméabilisent les murs du sous-sol, ajoutent une couche d'isolation supplémentaire dans le grenier pour économiser sur les factures de chauffage et, dans certains endroits, investissent dans des volets anti-ouragan ou des stabilisateurs antisismiques. Ils le font parce qu'ils sont concernés. Ils se soucient de ce qu'ils protègent d'une manière beaucoup plus profonde qu'un locataire.

La tempête coupe l'électricité ? La réponse ne consiste pas à déménager. C'est d'attendre que le courant soit rétabli. Et d'appeler la divine compagnie d'électricité.

Et ceux qui s'engagent à long terme se préparent bien pour affronter tout ce qui les attend.

La tempête coupe l'électricité ? La réponse ne consiste pas à déménager. C'est d'attendre que le courant soit rétabli. Et d'appeler la divine compagnie d'électricité.

Becky

Docteur Câlins et moi avons signé des dizaines de contrats de location, certains en tant que locataires, d'autres en tant que propriétaires. Les contrats que nous passons avec nos locataires portent sur un bail d'un an, avec indication d'un loyer mensuel. Au cours de cette première année, si un locataire n'est pas satisfait de son espace (ou de nous), il est tenu de continuer à payer le loyer jusqu'à ce que nous trouvions de nouveaux locataires, ce qui se produit généralement dans les trente jours. Si nous ne sommes pas satisfaits de leurs constants retards de paiement ou de la destruction du bien, nous devons invoquer un motif valable avant de les expulser. Après cette première année, chaque partie peut mettre fin au contrat avec un préavis de trente jours.

La signature d'un prêt hypothécaire est différente. Nous avons passé des nuits blanches chaque fois que nous avons signé un contrat d'achat, même pour notre cinquième maison. Nous aimions la propriété et étions ravis de déménager. Mais l'engagement impliqué était effrayant. Signer un acte de mariage devrait être un peu effrayant aussi. Il n'y a pas de clause de sortie avec préavis de trente jours et vous vous engagez solennellement dans quelque chose qui devrait durer plus longtemps qu'une hypothèque de trente ans. Malheureusement, certaines d'entre nous descendent l'allée avec une stratégie de sortie cachée dans leur bouquet de fleurs. Je grimace encore quand je pense aux mots qu'une bonne amie a prononcés la veille de son mariage : « Si ça ne marche pas, on peut toujours divorcer. »

Un *vœu* est une promesse ou une affirmation solennelle ; plus *précisément* : une promesse par laquelle une personne est liée à un acte, un service ou une condition. Quelles images vous viennent à l'esprit lorsque vous pensez au mot « lié » ? Lors du magnifique mariage en plein air de ma petite-fille, elle et son mari ont distribué de larges rubans colorés à tous les enfants. Se prenant par la main, les jeunes mariés ont invité les enfants à se lier les mains avec les rubans. C'était un moment précieux, symbolique, plein d'amour et de rires. Ce rituel séculaire d'union des mains liées par des rubans, redevient populaire. J'adore la touche ajoutée par ma petite-fille et mon petit-fils par alliance. En incluant la famille dans cette partie de la cérémonie, ils ont non seulement reconnu l'éternité de leur engagement l'un envers l'autre, mais aussi leur besoin du soutien des personnes qu'ils ont invitées à être témoins des promesses réciproques qu'ils ont prononcées devant Dieu.

La précision « devant Dieu » est un détail important. Dans les vœux de mariage traditionnels, le célébrant dit : « Monsieur X (Madame Y), voulez-vous prendre pour épouse (époux)

Madame Y (Monsieur X), ici présents pour vivre ensemble selon l'ordonnance de Dieu dans le saint état du mariage ? Promettez-vous de l'aimer, de la (le) consoler, de l'honorer et de la (le) garder, dans la maladie et dans la santé, et, renonçant à toute autre personne, de ne vous attacher qu'à elle (lui), jusqu'à ce que la mort vous sépare ? »

Les mariés répondent à tour de rôle « Je le veux », avant de déclarer : « Devant Dieu, je te prends pour épouse/mari, pour t'avoir et te garder à partir de ce jour, dans les bons comme dans les mauvais jours, dans la richesse comme dans la pauvreté, dans la maladie comme dans la santé, pour t'aimer et te chérir, jusqu'à ce que la mort nous sépare. Telle est ma promesse solennelle. »

La plupart d'entre nous, quel que soit notre âge au moment du mariage, ne connaissent pas les nombreuses strates cachées sous « dans les bons comme dans les mauvais jours... dans la richesse comme dans la pauvreté » et « jusqu'à ce que la mort nous sépare ». Nous avons, et devrions avoir, des étoiles dans les yeux et la certitude que nous nous aventurons vers un « pour toujours » radieux.

La plupart d'entre nous, quel que soit notre âge au moment du mariage, ne connaissent pas les nombreuses strates cachées sous « dans les bons comme dans les mauvais jours... dans la richesse comme dans la pauvreté » et « jusqu'à ce que la mort nous sépare ».

Je me souviens avoir eu le vertige en imaginant nos brosses à dents suspendues côte à côte. Vous souvenez-vous d'avoir connu ce moment-là ? Quand l'idée de dire « Bonne nuit » au lieu de « Au revoir » à la fin de la journée vous remplissait de ravissement ? Quand vous ne pouviez pas imaginer en revenir au point de vouloir dire « Au revoir » au lieu de « Bonne nuit » à 22 heures ?

Et pourtant... vous êtes là, à partager l'air avec cette personne qui, autrefois, vous donnait des frissons, mais qui, aujourd'hui, provoque des fourmillements dans le bout des doigts par manque d'oxygène. Vous avez peut-être écrit vos propres promesses. Nous avons utilisé la partie traditionnelle « dans la maladie et dans la santé », puis nous avons ajouté nos propres mots.

Mon « presque » mari (à ce moment-là !) a dit : « En te prenant pour épouse, je promets de t'accepter telle que tu es, de t'aimer et de te chérir par-dessus tout, en tout temps et en toutes circonstances, et de faire de mon mieux pour contribuer à faire de cette relation une relation encore meilleure et plus épanouissante dans les temps à venir. »

J'ai répondu : « En te prenant pour époux, j'accepte tes faiblesses aussi bien que tes forces. Je me donne, non seulement comme ta femme, mais comme ton amie de toujours. Je promets de te tendre la main quand tu te sens seul, d'être une oreille attentive quand tu as besoin de parler, et d'être toujours à tes côtés quand tu as besoin de soutien. »

Aïe ! Le mot « toujours » dans la dernière proposition était une hyperbole, non ? Et « je promets » voulait vraiment dire « je ferai de mon mieux », n'est-ce pas ?

J'ai vraiment honoré la promesse : « J'accepte tes faiblesses », car « accepter » ne signifie pas laisser à Dieu le soin de changer ce qui doit l'être, n'est-ce pas ? L'engagement signifie : « Je fais le serment de souligner tes faiblesses et de te suggérer fréquemment ce que tu peux faire pour les corriger, et je promets de te donner des conseils quotidiens sur la façon dont tu peux commencer à faire les choses de la bonne manière, c'est-à-dire la *mienne* », non ? (*J'entends Cynthia rigoler.*)

Il y a des années, ne trouvant pas la copie de nos vœux, j'ai écrit au pasteur qui nous avait mariés. La lettre qui accompagnait la copie qu'il m'a envoyée, écrite sur du papier à lettres de l'église et datée de trois jours avant notre septième anniversaire, disait : « Vous avez de la chance de pouvoir obtenir ce document, car notre presbytère a été détruit par un incendie pendant que nous étions en vacances. »

Ouf! Les vœux que nous avions prononcés devant Dieu faillirent devenir la proie des flammes « pendant que nous étions en vacances ». Que de double sens dans cette première phrase! Avant notre septième anniversaire de mariage, il y eut des moments où j'avais oublié mes promesses, où j'avais mentalement remballé mon engagement pour partir en vacances. Nos vœux auraient pu être dévorés par le feu.

Avez-vous connu de tels moments? Êtes-vous passé par là? Est-ce votre cas actuellement? Qu'est-ce qui crée cette amnésie sélective qui vous incite à tourner le dos à votre promesse à Dieu et à celui ou celle avec qui vous vouliez vivre pour toujours? L'ennui? La négligence? Des malentendus? Quelqu'un d'autre de plus beau, de plus attentionné? La proximité qui vous semble plus étouffante que réconfortante?

Jill Briscoe, autrice et conférencière américaine d'origine britannique, raconte qu'à une époque, elle donnait un cours sur David et Bath-Shéba lors d'une conférence pour femmes. Au lieu d'aller à la guerre, de mener les batailles de Dieu avec ses hommes, le roi David s'est retrouvé sur un toit à regarder une belle jeune femme se baigner. Il a envoyé des messagers pour la faire venir dans le palais royal, et les désirs lubriques du roi ont déclenché une tempête de tristes conséquences.

Lorsque Jill eut terminé son exposé, une femme s'approcha d'elle et lui dit : « Je ne comprends rien à tout cela, Jill. Mon mari est pasteur. Nous avons un mariage et une famille merveilleux et une église formidable. Je ne commettrais jamais d'adultère. »

Jill répondit : « En avez-vous déjà eu l'occasion? » Lorsque la femme répondit qu'elle avait été approchée une fois par un homme, qu'elle décrivit d'ailleurs comme peu attrayant, Jill la prévint : « Il est facile de dire non à un type du genre du Roi Dagobert, mais ce sera plus difficile si un Roi David emménage dans l'appartement à côté! »

Des années plus tard, Jill reçut une note frénétique de cette femme, implorant : « Priez pour moi, Jill. Le roi David a emménagé à côté. »

Malheureusement, cette femme n'a pas écouté les conseils de Jill. Son choix a détruit son mariage[2].

Comme Cynthia aime à le dire, les mariages n'implosent jamais sans l'aide des humains qui les entretiennent. Si, pour une raison quelconque, vous êtes tentée de tourner le dos aux vœux que vous avez prononcés devant Dieu, confessez-lui ce qu'il sait déjà, puis trouvez un ami ou un conseiller de confiance.

Parfois, ce qu'il faut, c'est s'éloigner de la vie de couple pendant une période déterminée, tout en restant fidèles l'un à l'autre et de demander un conseil avisé. Parfois, il existe des raisons bibliques de s'éloigner (voir l'annexe, page 233). Mais souvent, nous pouvons retrouver le chemin de ce que nous avions auparavant si nous commençons par nous rappeler la promesse solennelle que nous avons faite devant Dieu… et qui ne peut être tenue qu'avec son aide minute par minute. Et cela est confirmé par la recherche ; la grande majorité des personnes interrogées qui considéraient leur mariage comme malheureux se considéraient comme heureuses cinq ans plus tard[3]. Le mariage n'est pas à louer.

Les Écritures ne nous disent pas exactement ce qui s'est passé dans le cœur de David, ni les excuses qu'il s'est inventées, ni la jouissance qu'il estimait mériter, mais nous connaissons nos propres faiblesses et vulnérabilités. Même si nous avons signé ces papiers d'hypothèque avec la ferme intention d'être fidèles à cette promesse, il serait peut-être judicieux de ne pas rester sur le toit.

---

2. Jill Briscoe, « Breaking Free from Sexual Temptation », Telling the Truth, 28 mars 2016, https://www.tellingthetruth.org/read/individual-post/read/2016/03/28/breaking-free-from-sexual-temptation.
3. Linda J. Waite et Maggie Gallagher, *The Case for Marriage. Why Married People Are Happier, Healthier and Better Off Financially*, New York, Broadway Books, 2001, p. 75.

CHAPITRE 11

L'argent parle, mais il ne me dit pas la même chose qu'à mon conjoint

Cynthia

Il a travaillé dur pendant des décennies. Maintenant, il est temps se détendre, dit-il. « Achetons un bateau ! »

Vous avez travaillé dur pendant des décennies. Il est temps de réduire la voilure, de se serrer la ceinture et d'apprendre à se contenter de moins. « Mettons la maison en vente et débarrassons-nous d'une voiture. »

Les entrepreneurs à domicile qui sont à la fois mariés *et* partenaires commerciaux peuvent cultiver des attitudes très différentes en ce qui concerne les profits et les pertes, l'investissement dans les stocks ou l'utilisation de l'argent dans les études des enfants pour développer l'entreprise.

L'un des conjoints a peut-être fait une ou deux dépenses imprudentes, et vous en subissez maintenant tous les deux les conséquences. Et le non-dépensier ne laissera pas le dépensier l'oublier !

Comment un couple, n'importe quel couple, mais surtout des conjoints vivant de longues heures sous le même toit, peut-il gérer des regrets financiers ou des opinions diamétralement opposées sur l'argent ? Les périodes de confinement forcé, comme la retraite, le travail à domicile des deux conjoints, les licenciements et les maladies à court ou à long terme, augmentent souvent le risque de désaccords financiers. Les couples commencent à remarquer les bizarreries, voire les excentricités de l'autre en matière d'argent. Les moyens financiers peuvent être particulièrement limités en raison de l'activité ou de l'absence d'activité, de l'économie mondiale, ou parce que l'un des partenaires est plus doué pour faire des achats en ligne et que le conjoint désormais et définitivement à la maison fait le pied de grue lorsque les colis arrivent sur le pas de la porte.

La vie ordinaire donne déjà au couple un milliard de raisons d'être en désaccord sur les questions d'argent. Les questions de dépenses peuvent affecter notre perspective jusqu'à faire de ce CALM, ce « Conjoint À La Maison », un individu ressemblant davantage au méchant de Star Wars qu'à notre partenaire. Le fait est qu'il est fort probable que le conjoint à la maison pense autrement que vous pour ce qui est de faire des économies de bouts de chandelles ou de jeter l'argent dans des puits aux souhaits.

Ce n'est pas que je n'aie pas été prévenue que mon compagnon et moi étions faits et élevés différemment en ce qui concerne les questions d'argent. (Et ces questions sont importantes.) J'ai trouvé charmant l'attitude de Supermari : il était très prudent avec l'argent et au point de penser qu'en tant que jeunes mariés, nous pourrions survivre avec dix euros pour deux semaines, ce qui était moins que l'argent de poche que recevait un élève de sixième à l'époque.

Non, en vérité, je n'ai pas trouvé ça charmant. Pas charmant du tout.

J'ai apprécié qu'il soit prudent. Je n'ai pas apprécié qu'il attende de moi que je le surpasse dans le domaine de la frugalité.

J'ai été élevée dans un foyer qui n'était pas riche, ni même aisé en fait, mais qui était marqué par une générosité à toute épreuve. Je considérais (et je considère toujours) la générosité comme une façon d'exprimer l'amour extravagant de Dieu. Supermari est maintenant d'accord, mais comme nous avons travaillé le compromis et le respect des opinions de l'autre, je me suis convertie à sa réflexion et sa sagesse en matière de finances, et je l'apprécie. La plupart du temps. Sauf quand il dit : « Il faut qu'on se parle. » Becky vous en dira plus à ce sujet dans un instant.

Le spectre des problèmes d'argent dort-il entre vous la nuit ? Déclarez que votre chambre à coucher est interdite aux discussions ou aux préoccupations financières.

Mais nous avons appris une leçon : si l'argent devient autre chose qu'une provision dont nous sommes reconnaissants et que nous gérons bien, il devient inutilement un point de discorde. Les bons renifleurs de bombe reconnaîtront l'odeur d'une attitude explosive en matière de finances.

Quand l'argent est-il autre chose qu'une provision ?

- *Lorsqu'il devient une idole*, qu'il s'agisse de l'économiser ou de le dépenser. Si l'argent détourne nos pensées de ce sur quoi elles devraient se concentrer, c'est que nous lui accordons trop d'attention. Si son accumulation prend des décisions à notre place, nous avons perdu le sens de son rôle. Si, en se pliant aux exigences de la richesse ou de la pauvreté, l'argent est un sujet brûlant dans votre foyer, il est devenu un parti dominant. Un dictateur plutôt qu'un outil comme les autres que nous utilisons dans la vie.

- *Lorsqu'il devient une menace*. « Il n'a même pas remarqué que j'ai fait des efforts pour lui préparer son plat préféré ce soir. Ça fait mal. Voyons comment il réagira si je passe un peu de temps à faire du shopping en ligne ce soir. Je parie qu'il le remarquera. »

- *Lorsqu'il nous plonge dans une bataille compétitive.* « Tu verras que j'ai dépensé pour ton anniversaire plus d'argent que toi pour le mien, ma chérie. » « Pas si tu comptes les frais d'expédition et de manutention. J'ai dépensé trois euros de plus que toi pour les cadeaux. »
- *Lorsqu'il devient un reproche.* « Tu vas devoir contribuer davantage à notre situation financière. C'est incontournable maintenant. » « Vraiment ? J'ai beau travailler dur, tu me dis que ce n'est pas suffisant ? »
- *Lorsqu'il est assujetti à l'envie ou à la convoitise.* La Bible est souvent citée à tort comme disant que l'argent est mauvais ; c'est une mauvaise interprétation de 1 Timothée 6.10. En réalité, ce que l'apôtre Paul déclare, c'est que si l'argent devient la chose que nous désirons, que nous convoitons, pour laquelle nous sommes prêts à marcher sur notre conjoint ou à le dissimuler de façon possessive, il est passé d'une nécessité culturelle à une passion qui frise l'obsession. Et *ça*, c'est le mal.
- *Lorsqu'il s'attribue un rôle qui n'appartient qu'à Dieu.* L'argent ou vos revenus sont-ils en soi votre provision ? Non. Ils sont la preuve de la provision de Dieu. L'argent est-il votre sécurité ? Non, c'est Dieu qui l'est. L'argent est-il votre solution aux problèmes ? Non. Encore une fois, c'est Dieu.
- *Lorsqu'il s'intercale entre vous.* « Nous sommes trois sur le canapé, dans la voiture, et même dans notre lit : lui, moi, et son souci d'argent qui monopolise l'espace entre nous. » Dans votre ménage, il se peut que la femme soit la plus économe ou la plus angoissée en matière de finances. Dans peu de ménages, les deux parties ont la même conception de la gestion financière, ce qui peut présenter ses propres dangers. Il est rare que la paix perpétuelle règne dans les discussions concernant l'argent

du foyer. Mais lorsqu'elles se nichent entre nous, il ne s'agit plus d'un problème financier. C'est devenu un point sensible de la vie conjugale. Le spectre des problèmes d'argent dort-il entre vous la nuit ? Déclarez que l'accès de votre chambre à coucher est interdit aux discussions ou aux préoccupations financières.

Comment les couples du NMTLT (Nous sommes à la Maison Tout Le Temps) gèrent-ils les points de vue divergents sur ce sujet compliqué mais nécessaire ? Ces conseils peuvent être appliqués à n'importe quelle période du mariage, mais ils le sont d'autant plus lorsque nous sommes ensemble, tout le temps, et que nous remarquons chaque défaut ou conflit comme des fines particules de poussière dans la lumière du soleil.

Trouver un terrain d'entente

Sur quoi êtes-vous d'accord ? Vivre sans dettes ? Donner d'abord à Dieu ? Utiliser la réflexion plutôt que l'insouciance, l'intelligence plutôt que l'impulsion, pour prendre des décisions de nature financière ? Une fois que vous l'avez défini, réjouissez-vous des points communs que vous partagez.

Découvrez et exploitez vos points forts

Supermari se sent responsable et à l'aise pour gérer les finances familiales, tant que cela ne fait pas appel à la technologie. Mais il a de l'urticaire lorsqu'il pense à la complexité de la gestion financière qu'impose mon statut de travailleur indépendant. Nous avons donc convenu qu'il s'occupe de l'aspect qu'il maîtrise bien, et que je m'occupe du mien. Au moment de la déclaration d'impôts, je lui communique toutes les informations liées à mon emploi et il compile le reste.

Nous discutons souvent de notre situation particulière et nous sommes prêts à faire des ajustements si nécessaire. Je ne suis pas mariée à une idée préconçue de savoir qui doit effectuer les paiements, aller à la banque ou apurer et faire concorder notre tenue de compte avec le relevé bancaire. Je suis mariée à Supermari.

Lorsque les revenus changent radicalement, quelle qu'en soit la raison, le fait de compter sur les forces de l'autre aidera le couple à négocier et renégocier la paix monétaire.

Faciliter la vie au conjoint dont le point de vue est opposé

Voilà un concept. Nous pouvons compliquer la vie, volontairement ou non, lorsque nous formulons des demandes d'achat à un conjoint à la mentalité de pourvoyeur, qui se sent le plus responsable de maintenir la famille à flot financièrement, qui *est* le principal soutien financier, ou qui se sent appelé par Dieu à gérer les finances du ménage. Et inversement, nous faisons de la peine à un conjoint généreux de nature si nous ne tenons pas pour légitime son élan de générosité ou son sens des responsabilités.

Dans un ménage NMTLT (Nous sommes à la Maison Tout Le Temps), les ajustements sont fréquents. Si la sagesse abonde également, nous ferons tout notre possible pour atténuer la secousse de ces ajustements plutôt que d'en aggraver l'impact.

Au début de notre mariage, j'ai découvert que si je me plaignais de ce que nous ne pouvions pas avoir, cela ne changeait rien, si ce n'est que mon mari se sentait plus triste. Et il a vite découvert que s'il répondait à chaque demande ou question par : « Nous n'en avons pas les moyens », quelque chose en moi avait l'impression que ma requête n'était pas prise au sérieux ou qu'il me voyait, à tort ou à raison, comme « cette femme qui me coûte cher ».

Quand, au contraire, il a commencé à répondre par un ajustement minime mais significatif : « J'aimerais que nous puissions nous le permettre maintenant », je me suis sentie reconnue, même si le résultat final était un « non ».

Un conseiller avisé dit un jour : « Demandez-vous ce que cela rend possible. » Ce principe peut s'appliquer à n'importe quelle décision, petite ou grande.

Si je dépense cet argent, qu'est-ce que cela rend possible ? Pas grand-chose de bien ? L'article qui a attiré mon attention, je m'en lasserai très vite. Mais alors je n'aurai pas assez d'argent pour acheter l'article important dont j'aurai besoin le mois prochain.

Si je me plains à mon compagnon de l'argent qu'il a dépensé pour ce nouveau club de golf, qu'est-ce que cela va permettre ? Il se sentira coupable au lieu d'être reconnaissant chaque fois qu'il jouera au golf avec. Cela pourrait créer une brèche, même temporaire, dans notre relation. La bonne décision est peut-être de ne pas se plaindre, mais d'être reconnaissant qu'il ait un passe-temps qu'il apprécie et qu'il n'ait pas décidé que je devais, *moi*, être son passe-temps. L'exception, bien sûr, c'est si l'une ou l'autre des parties engage des dépenses inconsidérées et crée des difficultés ou des tensions pour un problème financier. Il faudra peut-être l'aide d'un expert pour démêler cette situation.

On dit que l'argent peut parler. Et il hurle de façon pratique lorsque nous nous retrouvons dans une situation financière différente en raison d'un départ à la retraite, d'une restructuration, d'une perte d'emploi ou de tout autre événement qui entraîne la présence des deux conjoints dans la maison. Mais lorsqu'il parle, il est temps de s'écouter… de s'écouter l'un l'autre, d'écouter les principes bibliques de Dieu concernant l'argent, et peut-être même d'écouter un planificateur financier qui a nos intérêts à cœur et qui peut nous conseiller sans partialité, sans regrets du passé, sans histoire de désaccord, et sans cette troisième entité sur le canapé ou dans la voiture qui se met entre nous.

Becky

Chaque mariage a ses mots déclencheurs, ces syllabes qui, lorsqu'elles sont enchaînées par votre CALM (Conjoint À La Maison), créent une peur instantanée. Ou, dans mon cas, une panique totale. Des mots comme *Question d'argent.* Ou « Il faut qu'on parle » (prononcé avec le relevé bancaire ou un ticket de caisse en main).

> Quand une femme dit : « Il faut qu'on parle », un homme a l'impression qu'elle vient d'aligner tous ses canons.
>
> — Duane H.

Personne d'autre n'a les mains moites ? Des genoux qui s'entrechoquent ? Quelles sont les excuses qui surgissent pour vous sauver de ce qui va, sans l'ombre d'un doute, devenir l'un des « moments intimes » les plus intenses que vous ayez jamais eus ?

Docteur Câlins est la personne qui s'occupe de l'argent dans notre famille. C'est logique. Il est propriétaire d'une entreprise. Il a le cerveau gauche. Il est linéaire, logique et pratique. Je ne suis aucune de ces choses. Vous souvenez-vous de la personne insouciante, poète aux pieds nus ? Ouais. Mettez-moi en charge de nos finances et nous serons tous les deux pieds nus !

Selon un questionnaire de personnalité sur le budget développé par Dave Ramsey, fondateur de l'Université de la paix financière, Docteur Câlins est un intello et je suis un esprit libre. Les intellos aiment faire des budgets et aligner des chiffres. Cela leur donne un sentiment de sécurité. Les esprits libres ne veulent rien avoir à faire avec les chiffres et ont tendance à oublier les budgets. Les esprits libres peuvent se sentir dominés ou négligés par leurs conjoints intellos, tandis que les intellos peuvent considérer les esprits libres comme irresponsables.

Il est rare que deux personnes qui s'aiment profondément soient parfaitement synchronisées dans leur amour de la gestion (ou même de la discussion) d'un budget. Que se passe-t-il si l'un d'entre vous veut se serrer la ceinture pour que ses enfants reçoivent un héritage substantiel, alors que l'autre veut vivre à cent à l'heure, en mangeant, en buvant et en s'amusant ? Et s'il décide, maintenant que vous êtes tous les deux à la maison en permanence et que vous pouvez travailler de n'importe où, qu'il est temps de vendre la maison et d'acheter une caravane ou un voilier… ou d'aménager un camion de transport de nourriture pour y vivre à demeure ? (J'ai inventé cette solution. De tels camions enfreignent probablement le code de la santé.)

Et si, maintenant, en regardant ce vieux revêtement de sol en vinyle seize heures par jour, vous vous dites qu'il est temps de le remplacer ? Mais la logique veut que vous commenciez par le haut. De nouvelles armoires, des comptoirs, des appareils électroménagers, un îlot de cuisine, etc. Vous demandez à vos amis de vous conseiller sur les personnes à embaucher, et pendant ce temps, il ajoute des étagères et des bacs à outils à sa liste de souhaits Amazon tout en dessinant son nouvel atelier. Et il n'y a pas de place dans le budget pour les deux. C'est suffisant pour faire grincer des dents une fille et la décourager d'adhérer au club IMTLT.

Qu'il s'agisse de ressources abondantes ou de désaccords sur la façon de dépenser la monnaie trouvée sous les coussins du canapé, il y aura des frictions. Tiens ! en parlant de monnaie… un ami vient de me dire que lorsqu'il veut faire un achat que sa femme, qui gère son budget, n'approuvera pas (il le sait d'avance), il puise simplement dans sa réserve cachée de plus de mille euros en monnaie « de secours ». Je m'imagine des livres évidés, des chaussettes pleines de centimes, des tiroirs de bureau à faux fond et un matelas très bosselé !

Ça pourrait marcher. Tout comme des comptes bancaires séparés. « Ton salaire va dans le tien, et je garde le mien, merci. Tu rembourses les emprunts, je paie les charges. Nous partagerons les frais de nourriture et l'essence, et ce qui restera sera notre argent pour nos loisirs. »

Bien que les comptes séparés et les fonds secrets puissent agir efficacement, il se peut également que ces astuces sapent le besoin de transparence, un élément clé de l'intimité et de la vie en commun dans le Club NMTLT (Nous sommes à la Maison Tout Le Temps.)

Alors, quelle est la solution ? Attendez que je prenne un sac en papier pour contrôler mon hyperventilation.

Il se peut que la solution pour maintenir la paix soit une (… *inspiration*) réunion budgétaire.

Voilà. Ce n'était pas si mal. J'ai survécu à quelques-unes. Est-ce que je les apprécie ? Après quarante-huit ans, je suis toujours prête à marcher sur des charbons ardents plutôt que de prendre rendez-vous avec notre conseiller financier. (Ai-je de l'urticaire sur mon cou ?)

Mais ce que j'ai fini par comprendre, c'est que le fait de *ne pas* parler de ses rêves, de ses désirs, de ses priorités et de la réalité de ce qu'il y a réellement sur le compte courant cause plus de problèmes que la misère passagère des graphiques en forme de camembert et des graphiques à barres.

Le fait de *ne pas* parler de ses rêves, de ses désirs, de ses priorités et de la réalité de ce qu'il y a réellement sur le compte courant cause plus de problèmes que la misère passagère des graphiques en forme de camembert et des graphiques à barres.

Les lignes directrices de tous les conseillers financiers avisés en matière de discussions budgétaires (bien plus douces que les « réunions », n'est-ce pas ?) comprennent la planification à l'avance afin d'éviter l'effet « tête de mort » de ces cinq petits mots : « Nous devons parler sérieusement *maintenant.* » Ils recommandent également de convenir d'une limite de temps de discussion et de s'y être préparé. Dave Ramsey suggère également d'apporter du chocolat à la table de discussion. Ce dernier point est essentiel. Avec quelle intensité pouvez-vous vous disputer en grignotant des cookies aux pépites de chocolat tout chauds sortis du four ? Les pépites de chocolat fondues couvrent une multitude de dépenses imprudentes.

J'ajouterais aussi : Commencez par prier ensemble, et lisez à haute voix Philippiens 2.3-4 :

> Ne faites donc rien par esprit de rivalité, ou par un vain désir de vous mettre en avant ; au contraire, par humilité, considérez les autres comme plus importants que vous-mêmes ; et que chacun regarde, non ses propres qualités, mais celles des autres.

Si vous considérez ce moment comme une occasion de rendre votre conjoint heureux en écoutant ses espoirs et ses aspirations et en l'aidant à trouver un moyen de réaliser ces rêves, et s'il pense la même chose en ce qui vous concerne, il est peu probable que la *discussion* déraille.

C'est aussi l'occasion de pratiquer le don d'abnégation. Il veut vraiment, vraiment cet atelier. Vous voulez vraiment, vraiment, cette nouvelle cuisine. Pouvez-vous modifier votre vision, ou peut-être la reporter ? Cet atelier pourrait-il inclure l'espace et les outils nécessaires pour couper les nouveaux carreaux et poncer les vieux placards ?

Si nous arrivons à notre réunion budgétaire à la table de la cuisine armés d'un stylo et de papier, de chocolat, d'un esprit ouvert et d'un cœur bien disposé, en nous rappelant que nous faisons partie de la même équipe et que nous sommes là pour de bon et pour toujours, même un intello coincé et un esprit libre peuvent marcher main dans la main dans une discussion de planification pour un avenir aussi heureux que possible.

CHAPITRE 12

Ôte ça de ma liste ! (Sa liste de choses à faire n'est pas compatible avec la mienne)

Becky

Si vous rêvez de vous installer sur une chaise de plage et de prendre racine dans le sable, mais que lui vous imagine tous les deux en train de louer des Harley-Davidson et de passer des semaines à parcourir les virages en épingle à cheveux des routes de montagne les plus escarpées d'Europe du Nord, vous avez un gros problème. Mais réaliser vos rêves sans détruire les siens n'est peut-être pas aussi difficile que vous le pensez.

L'une de mes belles-filles a récemment écrit un article de blog intitulé « Faire la liste[1]... » Il y a dix ans, alors qu'elle faisait l'école à la maison à nos trois petits-enfants les plus âgés, elle a demandé aux enfants de créer une liste de choses qu'ils aimeraient réaliser. (L'expression désignait autrefois « ce que j'aimerais faire avant de mourir », mais elle signifie désormais

1. Kristen Melby, « Filling the Bucket... », Norskehuvia (blog), 1er mai 2020, https://www.norskehuvia.com/blog/filling-the-bucket.

« ce que j'aimerais faire de mon vivant » ou même simplement « ce dont je rêve ».) Pendant que les enfants travaillaient sur leurs listes, ma belle-fille en a fait une pour elle-même. Les choses sur sa liste allaient de petites et réalisables (n° 3 : Trouver un morceau de verre de mer) à énorme et peut-être même impossible (n° 25 : Survoler un volcan en hélicoptère).

Docteur Câlins et moi avons accompli de nombreuses choses sur nos propres listes de souhaits avant de mourir : faire des randonnées en montagne, acheter une moto, faire de la tyrolienne, du kayak, mais nous continuons à en ajouter. Je ne veux pas quitter ce monde en ayant tout barré. Si Dieu nous garde ici-bas jusqu'à l'âge de 120 ans, j'espère que nous rêverons encore de notre prochaine aventure (même s'il s'agit de gagner des courses en fauteuil roulant ou le prochain loto).

Avez-vous une liste de souhaits avant de mourir ? Si ce n'est pas le cas, pensez à mettre un marque-page sur cette page et à prendre un stylo et du papier ou à cliquer sur un nouveau document. Prenez un moment pour savourer l'étendue du blanc. Une ardoise vierge qui vous invite à rêver. Si vous vous sentez intimidée, commencez petitement. Qu'aimeriez-vous faire samedi ? Le jour de votre prochain anniversaire ? Que voulez-vous fabriquer, apprendre ou regarder ? Quelles sont les nouvelles portes de l'aventure qui s'ouvrent devant vous, maintenant que vous êtes tous les deux à la maison ? Camping ou pique-nique en milieu de semaine, observation des étoiles tard dans la nuit, avoir un poste de travail itinérant ?

Étouffez la petite voix qui vous dit que c'est trop cher, que vous n'aurez jamais le temps, que vous n'êtes pas assez intelligent, que vous êtes trop vieux, trop jeune ou que vous n'avez pas l'esprit pratique. Laissez vos rêves s'exprimer jusqu'à ce qu'ils remplissent la page.

Maintenant, donnez à votre conjoint un stylo et du papier et demandez-lui de faire de même. N'imposez aucune restriction. Dites-lui qu'il peut s'agir de choses qu'il aimerait faire avec ou sans vous, et que le coût ne doit pas entrer en ligne de compte. Quand il a terminé d'indiquer ses souhaits, parlez des choses que vous voulez partager. (Il n'y a pas de mal à avoir une liste séparée intitulée « Trop sauvage et trop fou pour le dire à quelqu'un d'autre que Dieu »).

Ne serait-ce pas une excellente activité pour une soirée en amoureux ? Au cours d'un dîner ou d'une promenade, parlez de vos listes « Un jour… ». Vous serez peut-être surpris de découvrir que vous aimeriez tous deux apprendre à jouer de l'ukulélé ou de passer une nuit dans un hôtel de glace.

La liste de votre mari est une mine d'idées de cadeaux romantiques. Docteur Câlins mentionnait occasionnellement qu'il serait amusant de faire un tour en petit avion, alors une année, je lui ai offert une carte-cadeau de vol découverte pour Noël. Il a tellement aimé l'aventure qu'il s'est inscrit à des leçons et a obtenu sa licence de pilote privé. Ce n'est pas ce que j'avais en tête, car, bien que j'adore voler dans de grands jets commerciaux robustes où le pilote porte un bel uniforme et qu'on ne l'a jamais vu brûler un feu rouge parce qu'il n'a pas fait attention, c'était différent.

> La chose la plus intelligente que nous ayons faite pour notre relation [lorsque nous sommes entrés dans une période d'intimité 24 heures sur 24, 7 jours sur 7] a été de préserver les sorties en soirée. Il s'agissait parfois d'un café au volant ou d'un dîner dans la voiture. Les conversations nous encourageaient et nous permettaient d'être en phase l'un avec l'autre. La chose la plus intelligente que nous ayons faite pour notre foyer pendant cette période a été d'en faire une aventure. Nous avons acheté beaucoup de jeux de société, essayé de nouvelles recettes et fait des randonnées en famille autant que possible.
>
> — Derrick Williams, pasteur assistant
> à l'Église baptiste Emmanuel, Newington, Connecticut

Pendant des mois, j'ai refusé de monter avec lui, même s'il m'assurait qu'il n'y avait aucun feu rouge à respecter là-haut et qu'un Cessna 150 n'est en fait qu'un planeur qui peut atterrir facilement même si le moteur tombe en panne. (*Même si le moteur tombe en panne ?*) Après avoir finalement rassemblé tout mon courage, j'ai énormément aimé ce vol. Son rêve est devenu le mien.

Il y a quelques années, Docteur Câlins et moi avons commencé à instaurer une tradition d'anniversaire à l'air ringard. Le jour de son anniversaire, il a droit à un Jour du Prince. Treize jours plus tard, c'est au tour de la Princesse. Chaque année, nous nous donnons le choix : « Veux-tu choisir ce que tu veux faire et comment tu veux passer la journée, ou préfères-tu te laisser surprendre ? » Mon choix consiste généralement à faire suffisamment d'allusions pour que j'aie un peu des deux. Et j'adore le surprendre. Il est utile que je prenne des notes lorsqu'un ami mentionne un restaurant unique ou un bon film qui suscite son intérêt. L'un des avantages d'être ensemble à la maison est que nous pouvons fêter nos anniversaires le *jour même* au lieu d'attendre un week-end libre.

Cela nous ramène à Philippiens 2.4 et à l'encouragement de Paul à prendre en compte les intérêts d'autrui. Parlons des rêves de votre conjoint qui ne vous ont pas surpris. Ceux que vous connaissez depuis des années et que vous avez simplement ignorés parce que… vous l'avez peut-être vu brûler des feux rouges et vous n'étiez pas sûre de pouvoir faire confiance à son attention à deux mille cinq cents mètres d'altitude. Y a-t-il un moyen de trouver un compromis ? Pouvez-vous lui permettre de tenter une deuxième chance ? Ou être la majorette au sol qui filme son premier vol en solo ?

L'idée de passer le permis moto vous terrifie-t-elle ? Je le comprends. J'ai pris deux leçons et j'ai décidé que ce n'était pas pour moi. Oui, je suis une mauviette, mais j'adore monter à l'arrière de notre grosse Honda « Gold Wing ». Pourriez-vous accompagner votre homme sur sa moto dans les basses collines, puis lui laisser la liberté d'explorer seul les routes sinueuses des fjords de Norvège, pendant que vous vous installez au coin du feu pour siroter un café turc bien chaud dans l'hôtel Stalheim, situé au sommet d'une montagne ? Ce n'est pas un mauvais compromis.

Mais qu'en est-il des choses de votre liste qui lui font froncer les sourcils ? Un peu de concessions mutuelles est très utile. « Nous pourrions passer une heure à la foire artisanale, puis déjeuner dans ce restaurant que tu adores. »

Et pourquoi ne pas demander à Dieu, ensemble, ce qu'*il* a mis sur vos listes de choses à faire avant de mourir ?

Et pourquoi ne pas demander à Dieu, ensemble, ce qu'*il* a mis sur vos listes de choses à faire avant de mourir ? Cette expérience de tyrolienne dont j'ai parlé nous a fait voler à 30 mètres au-dessus de la jungle à Belize. Nous étions là pour un voyage missionnaire, quelque chose que Dieu avait mis sur nos listes. Ne soyez pas surpris s'il ajoute une toute nouvelle colonne.

Numéro vingt-cinq sur la liste de ma belle-fille ? Ma petite-fille l'a gratifiée d'un voyage à Hawaï pour son cinquantième anniversaire, avec le survol d'un volcan en hélicoptère. La dernière ligne de son article de blog « Faire la liste … » recommande de communiquer votre liste car « après tout, on ne sait jamais ce qui ou qui pourrait aider à réaliser votre rêve »[2].

Cynthia

Je n'oublierai jamais le jour où Supermari s'est penché vers moi et m'a dit : « Mais tu fais un travail à domicile ! Et moi, je vais bientôt prendre ma retraite. Après tout, tu pourrais travailler, ailleurs, de n'importe où ! »

Mon cœur s'est mis à battre plus vite. Après toutes ces années, était-ce possible ? Nous pourrions déménager dans un

2. Melby, « Filling the Bucket… »

climat plus chaud ? Offrir à nos enfants et petits-enfants un lieu de vacances idéal pour profiter de la plage ? Mon souffle s'est bloqué dans ma gorge lorsque j'ai pensé à une durée de croissance plus longue pour les légumes du jardin, aux fruits frais toute l'année, au soleil comme une attente plutôt qu'une curiosité, aux hivers sans températures inférieures à zéro et à la nécessité de ne même pas posséder un manteau d'hiver, des bottes et des mitaines fourrées !

« Oui, chérie, c'est vrai. Tant que je dispose d'Internet, je peux travailler de n'importe où. Nous sommes libres de déménager ailleurs. » Les Caraïbes ? Non, il penserait que c'est extrême. La Floride ? Non, le tourisme n'était pas un attrait pour lui. L'Arizona ? Peut-être. J'ai attendu qu'il me demande si je voulais bien effectuer une recherche en ligne pour trouver des endroits tropicaux bon marché où prendre sa retraite.

Il a précisé : « Tant que ce n'est pas plus au sud. »

Quoi ? Il voulait aller plus au *nord* ? Ce *n*'était *pas* sur ma liste de choses à faire avant de mourir.

Le « ailleurs » du « n'importe où » signifiait un autre endroit que notre maison au cœur du Wisconsin, où une « vague de froid » peut durer d'octobre à mai, où les températures descendent à trente ou quarante degrés centigrades sous zéro pendant une semaine ou plus, et où la courte saison de croissance est souvent interrompue par une gelée précoce.

À ce jour, c'est la dernière fois que nous avons abordé le sujet. La paix est sur ma liste de choses à faire, alors…

J'aime voyager. Supermari aime voir les sites touristiques quand nous y sommes, mais il n'apprécie pas ce qu'il faut entreprendre pour y arriver. Je pourrais m'asseoir sur une plage de l'océan pendant des heures, en regardant l'eau, remplissant mon âme de toutes les bonnes choses. Lui, après quelques minutes sur la plage, il est prêt à partir. « Viens, on s'en va. On l'a vu. »

J'aimerais voir l'architecture ancienne de l'Europe. Il aimerait voir les ruines de la cabane d'un explorateur du Yukon. Il rêve de ralentir la vie et de rendre son dernier souffle en pêchant. Mon idée du ralentissement implique une femme de ménage et un cuisinier engagé, et je rêve d'entendre l'appel du paradis et de demander : « Puis-je d'abord finir cette dernière phrase ? »

Si je fais passer un chef personnel pour un nutritionniste, est-ce que ça peut être remboursé par la sécu ?

Hier soir, j'ai terminé le nettoyage de la cuisine et j'ai apporté mon thé au salon, où Supermari regardait la télévision. Je sais. C'est choquant. Il a dit : « Je ne pense pas que tu aimes ce film. »

« C'est quoi ? »

« *Tarzan*. »

Super. Mais attendez. La scène montrait un jeune homme avec un ascot. Lui et sa femme étaient habillés impeccablement et vivaient dans un manoir bien aménagé de l'Angleterre victorienne. Saviez-vous que ce qui différencie un manoir d'un château, c'est la superficie de la propriété ? Je suppose donc que c'était un manoir.

Que nous parlions de grandes idées pour la liste des choses à faire ou de simples plaisirs quotidiens, nous ne saurons pas ce qui est sur la liste de notre conjoint si nous ne lui demandons pas et, inversement, si nous ne partageons pas la nôtre.

Du tissu brocart sur les murs. Des boiseries finement sculptées. Des personnages intéressants et des relations dynamiques. Peut-être que je resterais et regarderais quelques minutes.

J'ai apprécié chaque minute du film, y compris les scènes de combat et les explosions, parce qu'il se déroulait alors que des personnages ayant une histoire se battaient contre leur passé pour avancer vers un avenir inconnu mais dangereux.

Qu'en pensez-vous ? Un film qu'on pouvait apprécier tous les deux. Dans sa liste de choses qu'il aimait et lui faisait apprécier la *Légende de Tarzan*, il y avait peut-être les scènes de poursuite et de combat au corps à corps. Pour ma part, j'ai pu citer les paysages, le drame humain, l'angoisse, la nostalgie. Peu importe que nos raisons soient différentes.

S'il avait insisté pour que je regarde le film avec lui, s'il avait griffonné ses propres notes sur mon emploi du temps ou sur ma liste de choses à faire, les scènes de poursuite et d'explosions auraient pu me déranger. Mais il n'avait pas besoin de savoir que j'étais concentrée sur les costumes, la dynamique entre les personnages, le sens plus profond derrière chaque action, la façon dont les ombres du soleil jouent sur le sol de la jungle.

Que nous parlions de grandes idées pour la liste des choses à faire ou de simples plaisirs quotidiens, nous ne saurons pas ce qui est sur la liste de notre conjoint si nous ne lui demandons pas et, inversement, si nous ne partageons pas la nôtre. Envisagez de dresser une liste de plaisirs simples pour votre conjoint.

Je me sens le plus proche de toi et je veux que tu sois le plus proche de moi :

- Lorsque tu arrives derrière moi dans la cuisine pour me faire un câlin inattendu, déposer un baiser sur ma nuque ou me demander : « Puis-je t'aider? »
- Quand tu suggères : « Pouvons-nous prier ensemble? »
- Quand tu m'apportes une fleur (ou des fleurs) tout simplement.
- Quand tu décides d'être auprès de moi plutôt que devant un écran.
- Quand tu lis un livre ou regardes une vidéo sur l'amélioration de notre relation.

Qu'imaginez-vous voir figurer sur la liste de votre conjoint? Demandez-le-lui!

Les aventures en pleine nature sont la tasse de thé de mon mari. Et moi, je suis une snob du thé mariée à quelqu'un qui n'aime pas, n'aime vraiment pas, j'insiste, le thé et le café. Il aime les aventures en pleine nature. Et je l'ai accompagné dans quelques-unes d'entre elles.

Une nuit, alors que nous campions sur une île en granit (pas l'îlot de la cuisine, celle de la masse terrestre) au milieu d'un lac canadien, à des kilomètres de la civilisation, il m'a réveillée à deux heures du matin. « Il faut que tu voies ça » m'a-t-il dit.

Je vois très peu de choses à deux heures du matin. Mais j'ai remarqué que la tente était plongée dans l'obscurité.

S'il avait trouvé une pomme de pin intéressante, il aurait peut-être regretté de m'avoir réveillé pour ça.

« Viens », me dit-il, en tenant le rabat de la tente ouvert pour moi. Le gentleman !

En raison de l'absence de pollution lumineuse, même de notre seule lampe de jardin à la maison, les étoiles brillaient comme je ne les avais jamais vues. Je pouvais voir plus profondément dans le ciel nocturne que jamais auparavant.

Et il n'aurait pas voulu que je rate ce spectacle. Ni la façon dont le lac immobile reflétait chaque étoile.

Lorsque j'ai passé un mois à Copenhague, au cœur de la ville, il s'est contenté de revivre cette scène avec moi plus tard à travers des photos et des histoires. Nous organisons nos escapades d'automne et nos vacances autour de lieux qui nous intéressent tous les deux. Je ne dors plus sous des tentes sur des rochers. Nous avons appris à inviter l'autre à apprécier nos listes de choses à faire par procuration, mais pas à créer la liste de l'autre.

Il sait déjà que je ne ferai pas de saut en parachute. Jamais. Et ce n'est pas parce que je suis têtue. C'est parce que j'ai un appétit insatiable pour la vie, et je ne peux pas satisfaire cet appétit si je suis au sol, aplatie comme une crêpe.

Ça ne me dérange pas d'écouter des concertos pour basson avec mes écouteurs s'il est à la maison.

Mais s'il insiste pour que nous déménagions plus au nord…

Un sage a dit un jour : « Prévoyez des espaces dans votre intimité. » Lorsqu'un couple vient de se marier, l'un des conjoints peut penser qu'il fera presque tout en tandem. Cependant, les mariages heureux bénéficient d'activités individuelles et d'autres, partagées. Au cours de notre mariage de près de quarante-cinq ans, mon mari et moi avons cultivé des passe-temps et des activités distincts qui ont enrichi notre vie commune. J'aime le théâtre, il aime le sport. Il est bénévole en tant qu'entraîneur ; je dirige un groupe d'étude biblique. Le temps séparé permet de tenir compte des différences de personnalité et des préférences en matière d'activités, et notre union n'en est que meilleure. — Maggie Wallem Rowe, autrice[3]

3. Maggie Wallem Rowe, *This Life We Share. 52 Reflections on journeying well with God and others*, NavPress, 2020.

CHAPITRE 13

C'est toujours ma côte, Adam. C'est toujours ma cage thoracique, Ève.

Cynthia

C'est ma côte, Adam. Et ma côte et moi aimerions aller chez ma pédicure tout seuls, compris ?

Vous attendez ce jour depuis des années. Votre temps vous appartient enfin. Pas de patron qui plane au-dessus de votre épaule, pas d'enfants qui réclament votre attention. Vous pouvez faire ce que vous voulez… jusqu'à ce que vous découvriez qu'il attend, lui aussi, ce jour, où vous pourrez enfin être ensemble 24 heures sur 24, 7 jours sur 7, collés l'un à l'autre dans le bonheur conjugal, sans jamais vous perdre de vue.

Et qu'en est-il lorsque ce sont les affaires, et donc le revenu du ménage, qui retiennent les deux conjoints à la maison ? Une entreprise artisanale ? Une famille d'agriculteurs ? Deux adultes travaillant à domicile dans la maison ? Des bureaux partagés ? Une entreprise dans laquelle l'un des conjoints est le patron et l'autre le seul employé, ou dans laquelle les deux sont peut-être copropriétaires ?

Et si un conjoint militaire de carrière en fin de contrat est enfin de retour à la maison, mais qu'il souffre ? Ou s'il a du mal à réintégrer le marché du travail et qu'il veut simplement être avec vous ? Vous vous souvenez de la chanson dont les paroles proclamaient en substance que la personne « ne pouvait pas vivre » si elle devait vivre sans elle ? Il s'agit soit de la petite amie du moment, soit de la femme qu'il a rencontrée plus tôt dans la journée. Je n'en suis pas sûre. Ça a l'air romantique, n'est-ce pas[1] ?

Ça a l'air *mélodramatique*. Et malsain.

C'est peut-être une chanson évocatrice ou un appel à l'intériorité du grand amour, mais cela ressemble plus à une folie à la Roméo et Juliette qu'à du romantisme dans la durée.

Remarque : les deux créateurs de la chanson se sont suicidés à huit ans d'intervalle, dans des circonstances sans rapport entre elles. Cela n'a rien à voir directement avec la chanson, mais cela pourrait évoquer l'idée que si nous ne pouvons littéralement pas survivre sans notre conjoint, quelle est notre stabilité émotionnelle ?

Il y a quelques années, j'ai observé avec intérêt un jeune couple non marié. J'ai su qu'ils avaient des problèmes en remarquant que la jeune femme ne supportait pas d'être à plus de quelques centimètres de lui. Elle l'enveloppait littéralement quand ils étaient assis côte à côte sur le canapé. Elle appuyait sa tête sur son épaule dans les restaurants et s'accrochait à son bras des deux mains. S'il se levait pour aller dans une autre pièce, elle faisait de même. S'il sortait, elle lui demandait : « Où vas-tu ? »

Et elle n'arrivait pas à croire qu'il était sincère avec elle quand il lui disait où il était allé lorsqu'ils étaient séparés pendant une journée.

---

1. *Without You* (Badfinger Song), Wikipédia, dernière modification le 13 juin 2021, https://en.wikipedia.org/wiki/Without_You_(Badfinger_song).

Intimité ? Bien. Dépendance inspirée par la peur ? Malsain.

Des activités partagées ? Bien. Pas d'activités qui s'accordent avec les intérêts des individus et une réticence, ou une crainte que l'un ne puisse littéralement pas vivre sans l'autre ? Malsain.

Toute relation fondée sur la peur d'être séparés n'a pas atteint sa pleine maturité, quel que soit son âge.

Toute relation fondée sur la peur d'être séparés n'a pas atteint sa pleine maturité, quel que soit son âge. Ou bien elle est basée sur des problèmes émotionnels sous-jacents qui peuvent être très réels, mais qui ne correspondent pas au meilleur que Dieu veut.

Peut-on se créer un espace individuel sans laisser de cicatrices chirurgicales ? Cela commence par la gratitude envers un compagnon qui aime être avec vous, puis par le choix judicieux de vos mots. Votre besoin d'être seul ou avec des ami(e)s ne signifie pas que votre conjoint ne vous suffit pas ou que vous n'appréciez pas aussi les moments d'intimité.

Il existe un dicton qui dit à peu près ceci : « Comment saurais-je que tu me manques si tu ne pars jamais ? » Ma femme et moi aimons être ensemble, mais je ne suis pas la personne la plus facile avec qui vivre. J'ai découvert que lorsque nous faisons certaines choses séparément, c'est mieux. J'ai des passe-temps comme la course à pied, le vélo et le kayak qu'elle préférerait laisser de côté. Ces passe-temps ont tendance à être une bonne distraction en période d'agitation. Ils m'obligent à sortir, à profiter du monde qui m'entoure et à penser à la femme merveilleuse et aimante que j'ai le bonheur d'avoir. — Bruce B.

C'est le signe d'une relation saine.

Un conseil de survie pour les moments où les circonstances de la vie nous obligent à être très proches l'un de l'autre pendant de longues périodes est de permettre à l'un et à l'autre d'être ce qu'ils sont. Un couple marié n'est-il « plus qu'un » comme le décrit la Bible (Genèse 2.24) ? Bien sûr ! Est-ce que cela signifie que si je mange un biscuit, la glycémie de Super-mari augmente ? Que si j'ai une écharde, son doigt lui fait mal ? (J'avais un exemple de salle de bain à utiliser ici, mais je laisse cela à votre imagination.)

Nous restons des individus, même si nous sommes une seule chair. Ce n'est pas la seule dichotomie dans le plan de Dieu. Lorsque nous croissons à tous égards en tant qu'individus, ce développement profite à notre relation ensemble. Lorsque nous vivons des aventures chacun de notre côté, les récits sont plus riches lorsque nous nous retrouvons. Lorsque nous enrichissons notre collection de conversations individuelles, nous disposons d'un plus grand nombre d'idées en commun.

Les couples qui ont des passe-temps qu'ils partagent et d'autres qu'ils ne partagent pas ont une expérience de vie plus riche que ceux qui pensent que le développement individuel nuit en quelque sorte à leur intimité.

Il a fallu que, pendant quelques années, je sois sur la route, ou dans les airs, l'équivalent d'une semaine par mois pendant la saison des affaires et des conférences pour que mon mari cesse de chanter *Ain't no sunshine when she's gone* [Il n'y a pas de soleil quand elle est partie]. Mon emploi exigeait de voyager. Et c'était un travail difficile. La préparation. Les vols, les vols annulés, les vols déroutés et les retards. Les responsabilités. L'épuisement et la récupération une fois rentrée chez moi. Je peux énumérer combien d'États j'ai visités, préciser dans combien d'endroits fascinants je me suis rendue. Mais j'ai généralement vu seulement l'aéroport, le bureau de location de voitures, le centre de conférence ou l'hôtel, puis à nouveau le bureau de location de voitures et l'aéroport. C'est ainsi que j'ai sillonné le pays vers des villes étonnantes abritant des sites remarquables que je n'ai pas visités.

Je suis sûre que mon mari avait l'impression que j'avais dix ou douze semaines de vacances par an. J'étais absente. Au fond de lui-même, il savait que je travaillais, mais ce qui l'a le plus marqué, c'est que je n'étais pas là. Avec lui.

C'est mignon, n'est-ce pas? Jusqu'à ce que ça ne le soit plus. J'ai lutté contre la culpabilité de mon absence, mais je ne doutais pas que c'était Dieu qui avait orchestré les occasions. À qui devais-je plaire? À Dieu qui m'a appelée ou à l'homme que j'aimais? Une énigme impossible. Mon mari faisait plusieurs petits voyages de pêche par an, mais, comme il le disait, « c'est différent ».

Parfois en larmes, j'ai proposé de tout laisser tomber si c'était ce que mon mari voulait que je fasse. Mais ces conversations se terminaient toujours par le fait qu'il reconnaissait que le travail que je faisais était important et qu'il ne voulait pas se mettre en travers des voies de Dieu. Il ne voulait pas m'accompagner, alors que je lui ai souvent proposé. Les grandes villes n'ont aucun attrait pour lui. Les conférences? Des chambres de torture pour lui. Lorsque ma destination était un endroit qui l'intéressait, et que nous pouvions nous le permettre, nous profitions de quelques jours supplémentaires de mini-vacances avant ou après un événement ou une conférence. Mais ce n'était pas souvent que nous pouvions payer son billet d'avion et une voiture de location.

Juste quand je pensais qu'il n'y avait pas d'autre solution pour moi que d'arrêter de voyager, ce que j'adorais, à part me sentir coupable de contribuer à la solitude de mon mari, je l'ai entendu dire à quelqu'un : « Oui, elle est souvent absente. Mais je suis si fière d'elle et du travail qu'elle accomplit. Est-ce qu'elle me manque? Bien sûr. Mais je m'y habitue. Et en fait, je trouve des choses à faire pendant son absence. Je cherche quelqu'un que je peux aider, ou je passe du temps avec les petits-enfants, ou je vais voir un film qu'à mon avis, elle n'apprécierait pas. Et puis, je peux avoir du MacDo ou de la pizza tous les soirs si je veux. » Il a trouvé un petit groupe de bricoleurs auquel il adhère. Et il explore davantage les lieux de pêche locaux. Ça a pris du temps, mais on s'en sort. Et je suis toujours prête à tout laisser tomber pour le bien de notre mariage, si nécessaire. Mais je suis heureuse que ce ne soit pas le cas. Le travail est épuisant, oui, mais profondément gratifiant. Je n'ai pas fait mes valises depuis quelques mois maintenant. Il commence à me regarder en disant : « N'as-tu pas un endroit où tu dois te rendre ? »

Becky

Il y a une raison pour laquelle la plupart des romans ou des films d'amour se terminent avant la fin de la lune de miel. Jusqu'à ce moment-là, les deux héros du roman se concentrent sur la quête de l'union éternelle. Chaque battement de cœur bat au rythme de *When Will I See You Again ?* [Quand te reverrai-je ?].

Et puis ils disent « Je le veux » et « Oui » ou « je le jure » et ils sont… ensemble pour toujours. Et les choses changent. La romance ne disparaît pas, mais elle se transforme en quelque chose qui semble différent. Alors qu'auparavant nous observions deux individus aux vies séparées, vivant dans l'attente haletante de ne jamais avoir à se dire « au revoir », s'ils étaient encore sur la page ou à l'écran, nous pourrions juste trouver deux personnes toujours amoureuses, ensemble pour toujours, se demandant qui elles sont, maintenant qu'elles sont la moitié d'un ensemble « une seule chair », et ce qui, de toute façon, est advenu de la partie « moi » de la vie commune ?

Pas très intéressant à regarder ou à lire, mais tout à fait normal et sain. Il faut un certain temps pour reconfigurer nos identités lorsque nous entrons dans une vie où chaque décision sur la façon dont nous allons utiliser notre temps ou notre argent doit être prise avec un état d'esprit « NOUS SOMMES À LA

MAISON TOUT LE TEMPS ». Et si, un peu plus tard, nous nous retrouvons ensemble pour une période encore plus longue, nous devrons faire de nouveaux calculs.

C'est une bonne chose, une merveilleuse occasion de se découvrir, mais cela peut aussi très mal tourner.

Vous connaissez des caméléons ? L'amie qui veut tellement faire durer l'amour qu'elle change de couleur pour se fondre dans la sienne ? Dans sa vie de célibataire, elle appréciait l'opéra, le ballet et la musique classique, mais lorsqu'elle est tombée amoureuse du bassiste aux cheveux hirsutes d'un groupe grunge, elle a troqué ses chaussures fermées pour des rangers et a prétendu préférer le son d'une guitare électrique à celui de Bach et de Mozart qui coulaient autrefois dans ses écouteurs et ses veines. En raison de leur insécurité, ces caméléons sont étroitement liés aux agrippeurs décrits par Cynthia.

Si les caméléons à l'état sauvage peuvent changer de couleur pour se fondre dans leur environnement, ils changent aussi pour d'autres raisons. Une femelle caméléon de Madagascar qui n'est pas intéressée par l'accouplement peut devenir orange fluo pour effrayer le mâle.

On retrouve des caractéristiques similaires dans les espèces humaines. Certaines d'entre nous ont si peur de perdre leur identité qu'elles feraient n'importe quoi pour éviter que leurs teintes uniques et éclatantes ne s'harmonisent avec les siennes. (« Je me moque de ce que tu veux. Il se trouve que j'aime le beurre dur comme la pierre ! ») Ce n'est pas un trait réservé aux femmes. Un caméléon mâle en colère peut arborer de vives rayures multicolores en guise d'avertissement. Un mâle humain peut montrer sa colère de manière plus subtile. Comme refuser de laver ce maillot de foot porte-bonheur qui, selon sa compagne, empeste le placard.

Même si le canapé en cachemire violet intense de notre héroïne détonne avec le fauteuil à carreaux rouges du héros, aucun des deux ne veut renoncer à ce symbole de son identité. Le mari qui jouait au jeu de cartes à l'heure du déjeuner avant la retraite peut vouloir continuer à rencontrer ses copains de cartes pour une partie tous les jours. La femme qui invitait tous les enfants du voisinage à préparer des biscuits tous les mercredis après l'école voudra peut-être perpétuer la tradition, même si c'est maintenant l'heure de la conférence téléphonique de son mari avec des investisseurs étrangers.

Ce que j'appelle le maintien de mon identité peut ressembler à un rejet pour mon conjoint.

Dans mon cas, la peur de perdre mon esprit libre (parfois un euphémisme pour « manque de discipline ») au profit des tâches banales d'une épouse, peur irrationnelle, me posait un problème. Allais-je devenir l'une de « ces » femmes qui ne parlent que de recettes et de nouvelles façons d'enlever les taches de ketchup sur les nappes ?

J'ai fini par comprendre que je pouvais entretenir la maison, faire les courses et m'occuper d'un mari et des enfants tout en trouvant le temps de lire, d'écrire et de cultiver mon épanouissement personnel. Mais ma peur a ressurgi lorsque le Docteur Câlins a commencé à parler de retraite.

Ce que j'appelle le maintien de mon identité peut ressembler à un rejet pour mon conjoint.

Nous n'étions que des enfants, de quinze et seize ans, lorsque nous avons commencé à nous fréquenter. Nous passions ensemble chaque minute de vie consciente hors de l'école. Nous allions à l'école en nous tenant par la main. Il portait mes livres à la maison sur le chemin de retour. Nous étudiions ensemble, nous dînions l'un chez l'autre, sortions le week-end. (Cynthia ici : Même chose pour nous, mais nous avons commencé encore plus jeunes que ça ! Ce n'est pas conseillé.) C'était exaltant. Jusqu'au jour où ça ne l'était plus. Quand mes amis ont commencé à planifier des loisirs sans moi parce que j'étais toujours « avec lui ». Quand les devoirs de mes cours d'écriture créative ont été repoussés jusqu'à la dernière minute, alors que c'était ce que je préférais faire. Quand j'ai commencé à ne plus savoir qui j'étais sans lui.

J'ai géré cette situation comme n'importe quelle adolescente mature de 17 ans. J'ai rompu avec lui. Enfin, j'avais ma liberté. Mon temps était à moi. Et j'étais malheureuse. Il me manquait. J'ai demandé à des amis de prendre des photos de lui en cachette lors de notre voyage de classe à Washington, DC, quand je pensais qu'il ne regardait pas. Mais il *était en train* de regarder. Parce qu'il était malheureux, lui aussi. Nous nous sommes remis ensemble, et le reste, c'est un demi-siècle d'histoire, où nous avons appris à être conformes au projet de Dieu pour nous, tout en continuant à accepter d'être la moitié d'un tout, d'une seule chair.

Pendant mon adolescence, je n'avais pas les mots pour exprimer mon besoin de solitude. Tout ou rien, voilà ce qui semblait être la seule réponse. J'ai appris certaines choses depuis, des choses que je dois appliquer maintenant que nous sommes ensemble à la maison. Tout. Le. Temps :

- Qui veut être assorti ? À la fac, on avait des pulls de couleur turquoise et des pantalons en velours côtelé dorés assortis. C'était amusant, mais à nous vêtir tout le temps ainsi, nous aurions souffert tous les deux. Être différent n'est pas mauvais. C'est simplement différent. Lui, il est logique et linéaire. Je suis créative (lire : *j'agis à l'aveuglette*). Il aime courir. Je préfère les mouvements lents du yoga. Il s'intéresse de près à la politique et à l'actualité. Donnez-moi juste les gros titres, s'il vous plaît. Nos bizarreries nous donnent plus de choses à raconter.
- L'éclectisme est à la mode, et pas seulement en matière de décoration. Avec le bon papier peint et les bons coussins, l'écossais et le cachemire s'intègrent parfaitement dans la même pièce. Avec un peu de grâce, nos opposés créent une palette de couleurs unique et agréable.

- Si vous agitez trop vos couleurs, vous risquez de faire perdre à votre CALM (Conjoint À La Maison) l'impression d'avoir signé une déclaration d'indépendance en même temps que votre contrat de mariage.
- Nous avons besoin d'équilibre. Comme l'a décrit Cynthia, le temps séparé nous rend plus intéressants. Mais s'il y a trop de temps de séparation, « l'absence rend le cœur plus tendre, mais elle rend le reste de l'individu bien seul », comme le dit Charlie Brown, le personnage des dessins de Charles M. Schulz.

Au moment où j'écris ces lignes, une peinture de Shirley Novak représentant un coquelicot est accrochée au-dessus de mon bureau. Des fleurs jaune vif, rose, mandarine et vermillon dansent sur un fond verdoyant. Mme Novak a peint des centaines de tableaux de coquelicots, chacun d'entre eux étant unique. Mais imaginez qu'elle n'ait utilisé qu'une seule couleur de peinture, que chaque fleur devait refléter la même nuance de jaune. Je suppose qu'elle se lasserait rapidement de peindre la même vieille fleur. Sans contraste, nous nous ennuyons facilement. Lorsque nos couleurs s'harmonisent au lieu de s'opposer, nous pouvons créer ensemble quelque chose de beau.

CHAPITRE 14

Pourquoi nous avons besoin de sœurs IMTLT[1] et les gars ont besoin de gars pour amis ?

Becky

« Il y a un temps pour tout et un moment pour toute chose sous le ciel » (Ecclésiaste 3.1).

La liste qui suit ce verset comprend un temps pour pleurer, rire, se lamenter, danser, prendre dans ses bras, et un temps pour parler. Ce sont toutes des choses que nous pouvons faire avec notre CALM (Conjoint À La Maison), mais, comme nous l'avons mentionné dans le chapitre précédent, il y a des moments (pas de longues périodes) où nous avons besoin de nous occuper de nos propres affaires. Nous avons besoin d'occasions de rire, de pleurer, de nous lamenter et de parler à une meilleure amie ou à un groupe d'amies qui nous soutiennent, et nous devons encourager nos hommes à se connecter avec des amis masculins.

1. Il est à la Maison Tout. Le. Temps.

Saviez-vous que le mythe selon lequel les femmes disent deux fois plus de mots par jour que les hommes a été démenti ? Des chercheurs ont enregistré les conversations quotidiennes de quatre cents étudiants universitaires aux États-Unis et au Mexique pendant plusieurs jours. Ils ont constaté que les femmes prononçaient environ 16 215 mots par jour et que les hommes en prononçaient en moyenne 15 669, ce qui est considéré comme un match nul sur le plan statistique[2].

Cependant, un stéréotype semble être confirmé par la science : un ensemble de recherches statistiquement significatif a révélé que les femmes sont le sexe le plus expressif sur le plan émotionnel dans le domaine de la communication en face-à-face. En général, nous avons tendance à afficher nos sentiments et à en parler davantage que les hommes[3].

Les femmes ont également tendance à parler davantage de personnes, alors que les hommes parlent davantage de concepts ou d'objets concrets[4]. Rien de surprenant à cela. Demandez à votre homme ce qu'il *pense* de votre relation et vous risquez d'entendre des grillons. (Au moins jusqu'à ce qu'il ait eu le temps de formuler une réponse.) Demandez-lui ce qu'il pense de la dette nationale ou du bruit bizarre sous le capot de la voiture, et vous aurez probablement droit à une pléthore de mots immédiats.

Il n'est pas surprenant non plus que nous aimions généralement écouter les mêmes choses que celles dont nous aimons parler. Quelques minutes après avoir écouté les réflexions de mon mari sur les théories du complot ou les préjugés des

2. E. J. Mundell, « Science Quiets Myth of "Chatterbox" Females », ABC News, 24 mars 2008, https://abcnews.go.com/Health/Healthday/story?id=4507818&page=1
3. Róisín Parkins, « Gender and Emotional Expressiveness : An Analysis of Prosodic Features in Emotional Expression », *Griffith Working Papers in Pragmatics and Intercultural Communication* 5, nº 1, 2012, p. 46-54.
4. Mundell, « Science Quiets Myth of "Chatterbox" Females ».

médias, je sens mes neurones se recroqueviller en position fœtale. Par amour pour lui, j'accepte de discuter un moment, mais je dois ensuite lui suggérer gentiment d'appeler un ami ou l'un de nos fils. Je respecte pleinement son besoin de parler et d'échanger des idées stimulantes pour l'esprit. J'en ai besoin aussi… mais sur des sujets différents.

J'ai *besoin* de mes amies. Mon mari voit aussi la nécessité de mon besoin d'elles. Je n'ai pas eu la chance d'avoir une sœur biologique, mais je suis tellement reconnaissante pour mon cercle d'amies qui s'écoutent, rient et prient les unes pour les autres.

Je fais partie d'un groupe de femmes qui se réunit généralement dans une petite salle à l'étage au-dessus de notre café local. Nous nous appelons les Dames de la Chambre Haute ou DCH en abrégé. Une fois, nous avons décidé de faire un peu bouger les choses à l'occasion d'une réunion Zoom, alors nous avons toutes porté des chapeaux ridicules. La semaine suivante, nous sommes arrivées avec de la peinture sur le visage. Une gentille dame avait un magnifique papillon couvrant presque tout son visage, peint par son très talentueux petit-fils de onze ans. Une autre arborait une moustache. Le rire est bon pour l'âme.

Ce groupe a également créé un « sac de réconfort ». L'une des femmes a cousu un joli sac en tissu et nous l'avons rempli à tour de rôle avec des objets qui nous ont apporté du réconfort : livres, thé, cartes de vœux, chocolat, en ajoutant un mot d'encouragement, et en le déposant devant le porche de la personne suivante sur la liste. La deuxième meilleure chose à faire après un câlin !

Pendant mes années de mère au foyer, le téléphone était une bouée de sauvetage. Un appel à Cathy ou à Judy pouvait me permettre de surmonter une montagne de vaisselle ou de lessive. Après ces précieuses minutes de rire et d'apitoiement, je me sentais revigorée et prête à retourner aux couches, aux sols couverts de Lego et à un nouvel appel pour des macaronis au fromage. Après que Dieu a eu pris possession de mon cœur, j'ai trouvé un nouveau moyen de préserver ma santé mentale : prier par téléphone avec une amie.

Le livre que vous lisez a vu le jour parce que deux amies se sont appuyées l'une sur l'autre pour obtenir le soutien de leur sœur. Tout a commencé par des conversations qui se résumaient à « Il Est à la Maison. Tout. Le. Temps. »

« Et maintenant ? Comment l'aimer et le respecter quand je ne supporte pas le bruit de sa mastication ? »

Le fer aiguise le fer, mais le véritable ami peut aussi agir comme un fer à lisser : il façonne et calme les cheveux rebelles.

« C'est le quatrième bain moussant que je prends aujourd'hui, mais je n'arrive pas à trouver une autre excuse pour être seule et qui ne le blesse pas. Au secours ! Je commence à ressembler à un shar-peï (molosse dont la peau ample retombe en plis). »

Ces discussions se terminaient toujours par deux choses… le rire et la prière. Les deux sont des baumes pour une âme qui a besoin de respirer un peu. Ensemble, nous avons travaillé à apprendre des réponses plus respectueuses de Dieu que le réflexe « Dégage ! » ou, plus poliment : « Sors de mon espace ! » Nous nous sommes encouragées à regarder une situation avec les yeux de notre homme. Le fer aiguise le fer, mais le véritable ami peut aussi agir comme un fer à lisser : il façonne et calme les cheveux rebelles.

Bien que la science ait prouvé que je n'ai pas plus de mots à utiliser dans une journée que mon mari, nous sommes tous deux reconnaissants lorsque certains de mes mots sont absorbés par des amies. Si je parle à Cynthia, je sais qu'elle sera intéressée par la version complète et non abrégée du serveur qui a pris ma commande de poulet sans gluten et m'a apporté une assiette de quelque chose de pané avec « juste de la farine, sans gluten ». Quand je le dirai à mon mari, je lui ferai un récit moins détaillé. (Un de nos amis est connu pour pencher sa tête et fixer sa femme avec des yeux vitreux avant de marmonner : « Chérie, est-ce que cette histoire a un début, un milieu et une fin ? »)

Je suis tout aussi reconnaissante lorsque le Docteur Câlins raccroche le téléphone après une heure de conversation entre hommes, avec un ami ou l'un de nos fils. J'ai traversé des périodes où je me sentais très seule. Après un déménagement dans un autre État, ou après avoir quitté une église, on peut avoir l'impression de flotter dans un bateau ayant accueilli une seule fille au milieu d'un vaste océan. Quitter le bureau pour travailler à la maison ou prendre sa retraite peut donner un sentiment de liberté, mais il se peut que vous regrettiez la camaraderie que vous connaissiez auparavant. Comment repartir à zéro ?

Il y a des années, alors que je commençais à peine à comprendre l'influence de Dieu sur mon cœur, je lui ai demandé de me donner une amie chrétienne. Peu de temps après, ma meilleure amie a confié sa vie à Jésus. Je me suis intégrée à un groupe d'étude biblique de quartier. Nous nous sommes impliquées davantage dans l'église. Aujourd'hui, lorsque je remercie Dieu pour les sœurs qui me soutiennent et combattent dans la prière avec moi, j'ai du mal à croire qu'il fut un temps où je n'en avais pas une seule.

Dieu m'a conduite vers un cercle de femmes disciples de Jésus. Si vous n'avez pas encore ce genre de soutien, je prie pour qu'il fasse de même pour vous. Entrer dans un groupe de femmes ou dans une église alors que vous ne connaissez personne peut être angoissant, mais cela peut aussi vous permettre de vous faire des amies presque instantanément. En partageant vos joies et vos peines, vous vous sentirez probablement plus proche d'une ou deux femmes qui semblent vous comprendre. Appréciez-les. Ce sont des cordes vitales de joie mutuelle qui peuvent également renforcer votre mariage. Si vous voulez collectionner quelque chose, collectionnez les amies qui font de vous une meilleure personne, une meilleure amie, une meilleure conjointe.

Cynthia

Le mariage est l'une des relations les plus importantes de la vie. Se marier est la partie la plus facile (comme beaucoup d'entre nous l'ont découvert depuis). Rester marié(e) demande du travail. Rester mariés de manière *mutuellement satisfaisante* (combien d'adverbes un auteur peut-il utiliser ?) exige un travail considérable, mais il s'accompagne de récompenses également considérables.

La vérité est qu'aucun être humain, pas même un conjoint, n'est capable de nourrir en permanence le bonheur d'une autre personne.

Vous attendez une liste, n'est-ce pas ? Toutes les méga récompenses. Voir le chapitre 24 pour en savoir plus. Quoi ? Le livre n'a que vingt chapitres ? Eh bien oui, il est sous presse maintenant, alors…

Avant d'être mariés, nous connaissions bien la liste. Peut-être même que nous la récitions dans notre sommeil alors que nous étions célibataires et que nous nous languissions. Ce que nous recherchions chez un conjoint était :

- un compagnon ;
- quelqu'un avec qui partager la vie ;
- une oreille attentive ;
- une autre perspective dans la prise de décision ;
- l'intimité (à la fois du corps et de l'âme) ;
- l'appartenance ;
- un compagnon de voyage sur le chemin de la vie, partageant la charge, allégeant la charge, comprenant la charge, assumant la partie la plus lourde de la charge…

Au cours d'une période particulièrement éprouvante de l'éducation de jeunes adultes, mon mari et moi avons fait l'expérience de trouver une grâce et une force inattendues pour faire face à ce qui allait suivre, et suivre le lendemain, et suivre encore le surlendemain. Un jour où la jauge de mon réservoir de carburant émotionnel indiquait « *M* » pour « Minimum », mon mari m'a envoyé de son lieu de travail un mail qui disait simplement : « Je suis là. Appuie-toi sur moi. »

À cet instant, je me suis rendu compte que pour contrer le « *M* » de mon « Minimum » et me réconforter, le Seigneur, dans ses voies merveilleuses, avait inspiré à mon mari de m'envoyer un « *M* » comme « Mail ». Seigneur, j'ai *enfin* remarqué ton clin d'œil. Merci pour ce doux rappel que Tu es plus créatif que nous tous réunis.

Souvent, mon mari est cet ami qui me dit : « Appuie-toi sur moi ». Mais la vérité est qu'aucun être humain, pas même un conjoint, n'est capable de nourrir en permanence le bonheur d'une autre personne.

Alors parfois, mon réconfort vient d'une de mes sœurs ou belles-sœurs. Ou ma fille. Ou ma belle-fille. Ou une amie de toujours comme Becky, Sheryl ou Kristin. Ou un ami de confiance de l'Église.

Si je confiais tous mes besoins de réconfort au conjoint de ma maison, un conjoint qui a parfois le cœur aussi lourd que le mien à cause de ce qui m'épuise, et d'ailleurs, c'est parfois le conjoint qui m'épuise, il s'effondrerait rapidement sous le poids. Sa tolérance au « remue-méninges » ou brainstorming, est différente de la mienne. Ses propres préoccupations inexprimées pèsent déjà lourd sur ses épaules.

En fin de compte, oui, Jésus est le point d'appui le plus solide et le plus fiable. Mais c'est Dieu qui a voulu que nous nous aidions à porter les fardeaux les uns des autres. Les amis qui partagent un intérêt commun qui n'intéresse pas mon mari, ou qui peuvent comprendre mes gémissements parce que j'essaie toujours de perdre les kilos de l'enfant (qui a maintenant trente-quatre ans), ou qui ont une capacité d'écoute suffisante lorsque j'ai complètement épuisé celle de mon mari, jouent un rôle vital dans la solidité de mon mariage.

Est-ce que cela résonne étrangement à vos oreilles ou à votre cœur ? Que le fait d'avoir pour ami quelqu'un *d'autre* que mon mari fasse de moi une meilleure amie pour mon mari ? Si le climat de votre mariage ou vos personnalités individuelles sont améliorés par les relations qu'il entretient avec ses amis et que vous, de votre côté, vous entretenez avec les vôtres, si le temps passé avec des amis soulage le sentiment d'une trop grande complicité, pourquoi le combattrions-nous ou nous sentirions-nous coupables ?

Lorsque nous sommes plongées dans des circonstances difficiles, la partie amitié de nos relations ne peut que rendre les défis plus faciles à affronter. Et cela fonctionne aussi bien dans le cadre de l'amitié avec notre conjoint que lorsque nous nous confions à des amis qui répondent aux besoins de verbiage ou d'intérêt que nous ne pouvons pas satisfaire.

Considérons Ecclésiaste 4.9-10 :

> Mieux vaut être à deux que tout seul. On tire alors un bon profit de son labeur. Et si l'un tombe, l'autre le relève, mais malheur à celui qui est seul et qui vient à tomber sans avoir personne pour l'aider à se relever.

Certains utilisent ces versets pour justifier ce qu'ils considèrent comme la misère du célibat. Mais dans sa langue originale, ce passage ne s'adressait pas aux maris et aux femmes, comme nous pourrions le supposer, bien qu'il s'applique certainement à eux aussi. Ce texte de l'Écriture parle de collègues de travail et d'amis.

Le mot hébreu pour « l'autre » est *chaber*, qui signifie un camarade, un compagnon, « lié ensemble » ou un associé (selon la *Concordance de Strong*[5]). Ami. Co-ouvrier. Un mari et une femme qui sont liés l'un à l'autre ? Des compagnons mari et femme qui s'entraident pour réussir, qui sont là lorsque l'un tombe ou lorsque l'un a besoin d'un point d'appui ? C'est certain.

---

5. *Strong's Exhaustive Concordance*, entrée « chaber », BibleHub, consulté le 17 juin 2021, https://biblehub.com/hebrew/2270.htm.

Mais il vaut la peine de noter que la Bible n'a pas spécifié la relation de mariage ici, bien que le mariage ait été un statut sous-entendu par ceux qui lisaient ces mots lorsqu'ils ont été écrits. Ce passage englobe plutôt les amis qui nous aident lorsque nous avons besoin d'être relevés, aidés pour nous remettre sur pied.

Si je reviens d'une soirée entre filles avec des sentiments d'animosité à l'égard de mon conjoint, irritée, en colère ou trop fatiguée pour être polie, c'est que le groupe d'amies n'était pas sain ou que mon attention était mal placée. Mais si je rentre à la maison rafraîchie, plus patiente, encouragée et que je respire plus librement, les amitiés extérieures n'ont-elles pas servi de soupape de sécurité pour mon mari et moi ?

On nous dit souvent que les liens sociaux sont un élément important de la santé mentale. Les femmes semblent avoir plus de facilité à nouer des amitiés profondes ou solides sur le plan émotionnel que les hommes. Comme ils ont moins de relations étroites, certains hommes comptent sur leur femme pour maintenir des liens sociaux pour eux deux. Ils *dépendent* de leur femme, socialement. Dans certains cas, cela peut amener un mari à s'attendre à être le seul objet d'attention de sa femme, surtout à la retraite. Il n'est pas difficile d'imaginer combien cela peut être irréaliste et malsain pour tous les deux.

Depuis l'université, Supermari a toujours rêvé de passer du temps dans les régions sauvages du Canada, du nord du Minnesota ou de la péninsule supérieure du Michigan. Plus c'est éloigné, mieux c'est, selon sa façon de penser. Même les années où nous ne pouvions pas prendre de vacances en famille, il trouvait un moyen de (et un copain pour) tremper sa pagaie de canoë dans les eaux sauvages.

Je l'ai accompagné lors de plusieurs voyages, mais il est vite devenu évident qu'écouter les sons relaxants des ours et des loups tournant autour de la tente était davantage son truc que le mien. Il m'a fallu un certain temps, mais j'ai fini par rejeter l'idée fausse qu'il m'« abandonnait » pour partir dans la nature avec un ou plusieurs de ses amis. Il rentrait à la maison avec des semaines d'histoires à raconter, et avec son âme qui brillait presque autant que ses bras profondément bronzés.

Il avait besoin de ce temps avec les gars. C'est toujours le cas.

Si j'avais conservé du ressentiment parce qu'il était parti s'amuser, aucun de nous n'aurait été heureux. Respecter son besoin d'amis masculins et d'activités masculines a renforcé notre mariage. Et il cultive une grande tolérance lorsque je lui dis que j'ai besoin de m'échapper avec notre fille pour notre escapade quasi annuelle de cinq jours, dans un endroit en pleine nature, avec beaucoup de sentiers forestiers, de ciel, de soleil, d'eau et de fleurs, de toilettes à chasse d'eau, de restaurants chics et de jolies petites boutiques de cadeaux.

Nous rendons un mauvais service à notre conjoint si nous attendons de lui qu'il soit la seule personne sur laquelle nous nous appuyons, ou si nous n'avons rien de plus à apporter à nos conversations parce que nous sommes ensemble 24 heures sur 24, 7 jours sur 7, à voir les mêmes choses et à entendre les mêmes sons. (Et non, ce n'était pas une référence aux bruits d'un homme campeur en pleine nature).

CHAPITRE 15

J'ai besoin d'une nouvelle plaque professionnelle

Becky

J'ai deux amies qui, à cause de problèmes de santé, ont dû abandonner leur carrière d'enseignante qu'elles aimaient. L'une d'elles avait un mari qui travaillait à domicile ; le conjoint de l'autre était à la retraite. Les deux hommes étaient heureux dans ce qu'ils faisaient pour occuper leurs journées, mais mes amies étaient perdues. Le mot « enseignante » n'était pas seulement une description de poste, c'était une description du « moi », de l'identité.

Vous me suivez ? Vous aviez l'habitude de savoir qui vous étiez. Vous aviez un titre et une description de poste. Mère au foyer. Éducatrice. Chef d'entreprise. Assistante de direction. Cadre supérieur. Vendeur. Directeur du marketing. Médecin. Peut-être que c'est toujours votre titre, mais vous travaillez à domicile. Il n'y a pas de plaque devant la porte. Il n'y a pas de porte du tout.

« Qui suis-je maintenant ? » vous demandez-vous. Les titres ronflants ont disparu, tout comme le respect et la camaraderie des collègues de travail ou, pour les parents dont le nid s'est vidé, la compagnie des enfants. Il est probable que votre CALM (Conjoint À La Maison) est également confronté à une perte d'identité similaire.

Il y a des choix à faire à cette bifurcation du chemin, mais aucun n'est clair. Le panneau de gauche indique « Rue de l'apitoiement », tandis que celui de droite porte ces mots : « Route de la réinvention ». Les deux peuvent vous attirer, mais les deux peuvent être effrayants. En réalité, la plupart d'entre nous empruntent un chemin qui sinue entre les deux pendant un certain temps.

Un jour, vous vous blottissez sous une couverture, feuilletant de vieilles photos, consultant des textes et des courriels sur votre téléphone, ces souvenirs qui vous rappellent qui vous étiez autrefois. Sous cette couverture, nos anciennes vies peuvent briller plus fort qu'elles ne l'ont jamais fait en temps réel. Le lendemain, vous pouvez vous retrouver avec des crayons taillés et un bloc-notes jaune jamais retouché, ou des fourmis dans les doigts au-dessus des touches de l'ordinateur en regardant le vide invitant un nouveau document. En haut de la page ? *Des objectifs !*

Avant même de faire un pas sur la route de gauche pavée de nostalgie, nous savons qu'elle ne sera agréable que pendant les premiers kilomètres. Sur le sentier d'un trajet où l'on se sent désolé pour soi-même, la chaussée goudronnée s'arrête soudainement et le gravier commence à nous faire mal aux pieds. Les possibilités brillantes de l'autre chemin nous attirent. Nous aimons les nouveaux départs… jusqu'à ce que nous regardions autour de nous pour constater que nous ne savons plus où nous nous trouvons. Rien ne nous semble familier. La confusion s'amplifie si la personne que nous avons promis d'accompagner où que la vie nous mène est loin devant, en train d'écraser ce « nouvel *ego* ». Ou loin derrière, sous son propre doudou.

Comment négocier des virages serrés et invisibles et profiter de la beauté de panoramas inattendus si notre « personne » possède un GPS réglé sur des coordonnées différentes des nôtres ?

Je me souviens que plus d'une fois, pendant les vacances familiales, mon père poussait sèchement une carte routière pliée en deux sur le siège avant vers ma mère et lui disait avec impatience (et non « lui demandait ») de trouver où il était censé tourner. J'avais horreur de m'asseoir sur le siège arrière et regarder, impuissante, ma mère lutter contre les larmes en promenant ses doigts sur un papier aussi large qu'elle-même était haute de taille.

La vie est dure quand on n'est pas synchrone. En tant qu'écrivains, Cynthia et moi n'avons pas l'intention de prendre notre retraite avant qu'un éditeur ou un agent ne s'éclaircisse la gorge et ne dise gentiment : « J'ai bien peur que vous ayez perdu la tête, ma chère. Votre muse s'est tue. » Nos maris ont des philosophies différentes sur cette étape de la vie. Ils ne sont pas opposés au travail, tant qu'ils peuvent décider quand et comment. Dans le livre des Psaumes, il est écrit :

> Lorsque la conduite de quelqu'un lui plaît, l'Éternel lui donne d'affermir sa marche dans la vie. (37.23)
> Ta parole est comme une lampe qui guide tous mes pas, elle est une lumière éclairant mon chemin. (119.105)

Manifestement, lorsque nous recherchons les directives de Dieu, il dirige nos chemins. Mais que se passe-t-il si le chemin de mon conjoint descend la colline et que le mien gravit un sommet abrupt ? Pouvons-nous encore être sur le même chemin ?

Au moment où nous avons pris notre retraite, nous travaillions tous deux environ cinquante heures par semaine et participions à des réunions au moins deux soirs par semaine. Nous savions que notre relation pourrait être mise à l'épreuve si nous étions ensemble 24 heures sur 24, 7 jours sur 7. Il est important de réorienter son énergie et ses dons vers le bénévolat. [Ma femme] a gardé sa licence d'infirmière à jour pour pouvoir travailler dans des cliniques gratuites aux États-Unis et sur des postes missionnaires à l'étranger. J'ai essayé d'utiliser mon expérience dans l'éducation de la même manière. Nous avons constaté qu'il est important de ne pas abandonner sa carrière mais de la redéfinir. — Dan A.

Comme je l'ai déjà mentionné, les premières semaines de vie commune 24 heures sur 24, 7 jours sur 7 ont été difficiles pour moi. Surtout parce que les mots « mon, mien, à moi » faisaient encore partie de mon vocabulaire. Ma maison. Mon temps. Mon emploi du temps. Ma façon de faire.

Je savais qui j'étais dans mon univers. Un écrivain à mi-temps. Épouse à mi-temps. Ces deux moitiés s'emboîtaient parfaitement. Non pas que je n'aie jamais pris congé de mon rôle d'épouse, mais toutes les choses que j'avais faites pour nourrir notre mariage pendant les trente-cinq heures qu'il passait en tant que chiropracteur, à savoir planifier les repas, faire la lessive, nettoyer, prier pour lui, et j'en passe, pouvaient être parfaitement synchronisées avec le rythme de mes objectifs quotidiens de nombre de mots. Terminer une scène ; passer à la buanderie. Atteindre un millier de mots ; commencer la préparation du souper. Je craignais que le fait d'être une épouse à plein temps éclipse tout le reste. Que mon côté créatif se perde dans l'ombre de ces lettres géantes : É-P-O-U-S-E. J'étais en plein mode « Il Est à La Maison Tout Le Temps ».

Mes craintes n'étaient pas seulement infondées, elles étaient aussi stupides. Je suis toujours moi… mais je fais davantage partie d'un *nous* qu'auparavant.

Les talents et les passions que Dieu vous a donnés n'ont pas besoin d'être rangés dans une boîte en carton avec cette vieille plaque professionnelle. Demandez-lui de vous montrer comment utiliser ces dons et ces passions d'une nouvelle manière.

J'ai aussi pris conscience, plus tard que je ne l'aurais dû, que mon homme avait son propre monde à lui qui était en train de changer plus radicalement que le mien. Il n'y avait plus d'enseigne à l'entrée pour dire au monde entier qu'il avait des titres derrière son nom. Plus de personnel dépendant de lui. Plus de plans de soins pour permettre aux gens de retourner au travail, pour éviter les interventions chirurgicales, pour reprendre une vie normale. Plus de patients lui disant qu'il était sublime, merveilleux, la réponse à leurs prières.

Lorsque j'ai finalement sorti la tête de mon univers à moi, je l'ai vu à la fourche de la route, l'air un peu désemparé. Heureusement, il ne m'a pas jeté une carte froissée en me demandant de lui indiquer la direction à prendre. Nous avons entamé un dialogue plein de « Nous pourrions faire… » et « Je pense que j'aimerais essayer… ». Il a pris ma main et nous nous sommes dirigés ensemble vers la droite. « Ça va être une aventure », ai-je dit.

Bien sûr, il y a des nids-de-poule en chemin, même quand on est membre du club « Nous Sommes à la Maison Tout Le Temps ». Oui, nous avons tous deux des jours où nous retournons vers la rue de l'apitoiement, mais nous nous aidons mutuellement à imaginer qui nous voulons être sur la route de la réinvention de nous-mêmes.

J'ai vu mes amis professeurs parcourir cette route. Le plus drôle, c'est qu'ils enseignent toujours. Pas dans une salle de classe, mais lors de voyages missionnaires, dans des groupes d'études bibliques et avec des petits-enfants qui font l'école à la maison. Les talents et les passions que Dieu vous a donnés n'ont pas besoin d'être rangés dans une boîte en carton avec cette vieille plaque professionnelle. Demandez-lui de vous montrer comment utiliser ces dons et ces passions d'une nouvelle manière.

Certains matins, lorsque le Docteur Câlins part pour un footing de huit kilomètres et que je le rejoins sur mon vélo, nous quittons l'allée en même temps. Lorsque nous arrivons au sommet de la colline, je fonce en le laissant loin derrière. Je roule devant, puis j'opère un demi-tour et reviens à sa rencontre. Nous bavardons un peu, puis j'avance à un rythme plus rapide que le sien. Il se peut que je m'éloigne et fasse quelques kilomètres de plus, et que je finisse par revenir à notre allée juste au moment où il l'atteint. C'est un coureur de fond. Moi, je fais du vélo. Pourtant, nous sommes sur la même route, nous allons au même endroit. C'est un peu comme la vie.

Nous lisons dans la Genèse : « C'est pourquoi l'homme laissera son père et sa mère et s'attachera à sa femme, et les deux ne feront plus qu'un » (2.24). Nous pensons souvent qu'il s'agit d'une union physique et nous oublions que notre cerveau est également impliqué dans cette union. C'est là que nous rencontrons des difficultés, n'est-ce pas ? Il n'est pas facile d'unir les pensées, les sentiments, les objectifs, les rêves, les aspirations et les attentes de deux individus distincts en un tout mutuellement satisfaisant sans perdre notre précieuse unicité donnée par Dieu.

Puisque « ne faire qu'un » était l'idée de Dieu, il m'est précieux de savoir que je peux me fier à sa Parole écrite pour obtenir des instructions.

Dans sa lettre aux Éphésiens, l'apôtre Paul supplie ses lecteurs de se « conduire d'une manière digne de l'appel qui vous a été adressé : soyez toujours humbles, empreints de douceur et patients, supportez-vous les uns les autres avec amour. Efforcez-vous de conserver l'unité que donne l'Esprit, dans la paix qui vous lie les uns aux autres » (4.1-3).

Humilité. Douceur. Patience. Diligence dans le maintien de la paix. Même si le chemin de mon conjoint est tout en descente et que le mien est une montée abrupte, le fait de nous efforcer quotidiennement de pratiquer ces vertus, avec l'aide du Seigneur, peut nous maintenir sur le même chemin toujours plus longtemps. Ce n'est peut-être pas une randonnée facile, mais une certaine mesure d'« unité de l'Esprit par le lien de la paix » conjugale ne mérite-t-elle pas l'effort ?

Cynthia

Maison d'accueil. Bureau.
Maison d'accueil. Département de recherche et développement.
Maison d'accueil. Unité de soins palliatifs.
Maison d'accueil. Centre de réhabilitation
Maison d'accueil. Champ de bataille.

Ces plaques pourraient être accrochées de manière invisible au-dessus de la porte d'entrée ou sur les murs de nos maisons au cours d'une vie commune. Et, à l'exception de la mention du champ de bataille, ils peuvent tous indiquer une fonction nécessaire de notre maison. Mais nous ne pouvons pas permettre à l'une de ces fonctions de définir la maison que nous partageons.

Parfois, le foyer doit devenir une salle de classe temporaire ou à long terme. Le foyer est un lieu de ressourcement. Le foyer est la base opératoire d'une entreprise. Mais il ne doit pas perdre son identité de foyer.

En tant qu'individus, nous nous efforçons de définir de nouveaux rôles lorsque nous y sommes appelés ou qu'ils nous sont imposés. Soignant, ergothérapeute du conjoint, assistant exécutif du conjoint, personne retraitée, collègue de travail, avocat…

Des rôles, pas des identités.

Parfois, le foyer doit devenir une salle de classe temporaire ou à long terme. Le foyer est un lieu de ressourcement. Le foyer est la base opératoire d'une entreprise. Mais il ne doit pas perdre son identité de foyer. C'est censé être un port d'attache, un nid douillet.

Comme je l'ai déjà dit, à part quelques années, j'ai travaillé à la maison pendant presque toute ma vie conjugale. L'idée que l'on travaille à partir de son *foyer* est plus gratifiante que celle d'un travail à *la maison*. Le foyer est un lieu d'habitation, un sanctuaire, un port sûr et un refuge, le « lieu » qui vous accompagne lorsque vous déménagez dans un nouvel appartement ou une nouvelle demeure.

Le foyer n'a pas besoin d'une nouvelle plaque, même si nous en mettons une au fil des saisons et des bouleversements de la vie. Le foyer est toujours, ou doit être, un endroit auquel nous appartenons. *Appartenir*.

Quelles habitudes pouvons-nous ajuster pour indiquer à nous-mêmes, à notre conjoint, nos enfants et petits-enfants, et nos voisins que le foyer, notre foyer, est un refuge sûr, qu'ils y restent une heure, une semaine, dix-huit ans ou pour toujours ?

Un soldat se tient à la porte, sac au dos, béret ou calot à la main. Sa famille ouvre grand la porte et lui dit : « Bienvenue à la maison ! »

Quel que soit le nombre de fois où nous l'avons vue au cinéma, à la télévision ou dans la vie réelle, cette scène nous étreint toujours le cœur. Elle résume tellement de choses dans la merveilleuse chaleur des mots « Bienvenue à la maison ».

Seriez-vous d'accord pour dire que, trop souvent, lorsque notre conjoint franchit la porte, nos premiers mots, si tant est que nous reconnaissions l'arrivée de l'être aimé, sont plutôt les suivants :

« Ah ! »

« As-tu pensé à ramener du lait ? »

« Tu ne vas pas croire ce que m'a fait la machine à laver ! »

« Prépare-toi. Il faut qu'on parle ! »

« Oh, tu es déjà là ! »

« Il t'en a fallu du temps pour rentrer ! »

Et si nous honorions le concept de foyer comme un lieu d'appartenance, quoi qu'il se produise dans la vie, quels que soient le temps que nous passons dans cet espace ensemble, les préoccupations de nos cœurs, ce que chacune de nos nouvelles plaques d'identité indique ? Et si nous considérions que notre nouveau rôle impérieux est de faire du foyer un nid douillet ? Et si nous commencions par créer une ambiance d'accueil chaleureux avec un « Bienvenue ! » radieux pour quiconque franchit la porte ?

Dans les moments d'excès de proximité, voire d'intimité, vous considérez-vous comme « coincée » à la maison ou « en sécurité chez vous » avec votre conjoint ? Comment vous protéger du premier sentiment et préserver le second ? Pour moi, « Disposition personnelle », mon ennemie jurée, mais aussi mon amie, fait toute la différence.

Si « Disposition personnelle » sort du lit le matin avec sa voix rauque qui cherche les défauts du conjoint, ronchonne que la vie n'est pas juste, prétend que de toute façon, ce qui ne va pas est de « sa » faute, elle trouvera beaucoup de soutien pour son point de vue, et m'influencera que je veuille l'écouter ou non.

Si, en revanche, « Disposition personnelle » se réveille en chantant « cherche le bien, la vie est dure mais glorieuse, chaque chose difficile s'arrangera si nous travaillons ensemble », l'atmosphère change. La présence de mon conjoint à la maison ne constitue pas une intrusion, une interruption ou une irritation, mais l'occasion d'une nouvelle journée pour démontrer la façon dont Dieu m'aime à travers la façon dont j'aime l'être humain le plus proche de moi.

Je ne sais pas ce qu'il en est pour vous, mais j'ai dû relire cette dernière phrase.

Dieu m'adresse le message primordial suivant : « Tu es en sécurité avec moi. » Un mariage qui honore Dieu communique la même chose. « Tu es en sécurité ici avec moi. Tes défauts, tes excentricités, tes idiosyncrasies, tes peurs, les désirs de ton cœur, tes incertitudes, tes besoins, exprimés ou non, sont tous en sécurité ici avec moi. »

Si vous lisez ce message et que votre foyer n'est pas un endroit sûr où vous *savez* chaque jour, y compris les jours imparfaits, que vous êtes à votre place, votre nouvelle plaque professionnelle aura du mal à tenir en place. *Vous* aurez du mal à rester debout, sans aide.

Si vous avez l'impression que les murs se rapprochent, c'est normal. Si vous avez l'impression de ne pas être appréciée, c'est également normal. Si vous vous sentez épuisée, c'est normal.

Si vous vous sentez en danger, ce n'est pas normal. Vous trouverez à la fin du livre des ressources qui vous aideront à savoir vers qui vous tourner pour faire le tri entre ce qui est réparable et ce qui ne l'est pas. Tout peut vous sembler *irréparable*, mais n'en faites pas une réponse définitive avant d'avoir demandé l'aide d'un professionnel de confiance.

Revenons à la plaque signalétique de la maison :

Doux abri contre la tempête.

Douce maison, spa de l'âme.

Douceur du foyer, juste ce qu'il faut d'intimité.

Becky : « Je croyais que ce chapitre traitait de la découverte de notre identité et de notre rôle dans cette nouvelle étape de la vie ? »

Cynthia : « C'est bien le cas. Le foyer est ce que nous sommes. »

Becky : « Ah ! »

Cynthia : « Oui. Peu importe ce que nous faisons d'autre, ou les rôles que nous tenons, une chose subsiste : nous sommes les préservatrices et les gardiennes d'un endroit que le cœur de notre conjoint peut appeler foyer. »

CHAPITRE 16

La familiarité engendre l'ennui

Becky

Un de ces matins, en vous retournant dans votre lit et en contemplant ce gros morceau d'homme qui dort paisiblement, n'avez-vous pas eu tout simplement envie de… bâiller ?

La quête d'un ami.

Vous souvenez-vous comment vous envisagiez le fait d'être ensemble 24 heures sur 24 et 7 jours sur 7 ? Vous l'imaginiez comparable aux jours où vous sortiez ensemble, mais en mieux. Tout ce temps passé ensemble à se tenir la main, à se câliner, à parler de ses sentiments, à se regarder dans les yeux, à s'éclipser pour un après-midi de plaisir n'importe quand et n'importe où…

Je l'admets, vos illusions n'étaient peut-être pas aussi irréalistes. Mais vous avez peut-être nourri le faible espoir qu'une fois dans le champ de vision de l'autre toute la journée, vous connaîtriez le contraire du proverbe « loin des yeux, loin du cœur ».

Et que s'est-il passé ?

Il travaille dans une pièce, vous travaillez dans l'autre, dans vos vêtements confortables et avachis. Vous vous asseyez dans des fauteuils séparés pour regarder la télé pendant que vous dînez. Vous vous réveillez à des heures différentes, vous vous couchez à des heures différentes. La lune de miel est terminée.

L'ennui peut faire en sorte qu'un mariage par ailleurs stable se bloque et plonge dans une mer agitée. Que faire quand on a cessé de grimper et que le moteur est sur le point de se gripper ?

J'aimerais pouvoir dire que j'écris ces lignes à haute altitude concernant le mariage, en dispensant la sagesse que j'ai apprise sur le chemin de la félicité. En vérité, il m'est arrivé d'envoyer à Cynthia des messages énigmatiques du genre : « Pourquoi avons-nous, une fois de plus, estimé être qualifiées pour écrire cela ? » ou : « Ne devrais-je pas être dans de meilleures dispositions actuellement ? Qui acceptera les conseils de quelqu'un qui bâille quand elle… » Oh, mille excuses. C'était une de mes amies.

Sachez juste que la seule chose qui nous confère quelque crédit, c'est le cycle du « déjà expérimenté, rembobiné et recommencé ». Mais il y a eu des victoires en cours de route. Nous avons appris quelques petites choses sur le mariage avec les émotions vives de la chute libre que nous sommes heureuses de partager.

1. Patientez. Je commence par la suggestion la plus simple. C'est celle que j'ai souvent donnée lorsqu'on me demandait de prodiguer un conseil lapidaire lors d'un enterrement de vie de jeune fille. Je n'aime pas avertir une future mariée qui a la tête dans les nuages qu'un jour viendra où elle se réveillera et baillera devant l'homme qu'elle croit maintenant avoir suspendu les étoiles, mais un petit avertissement peut faire en sorte qu'une taupinière reste une taupinière.

En l'absence de tout problème définissable, le sentiment d'apathie pour votre chevalier en armure peut être causé par un mauvais rêve à son sujet, la lecture d'un roman d'amour trop beau pour être vrai, le fait d'avoir écouté votre meilleure amie raconter quelque chose d'extraordinaire que son homme a réalisé (le monstre de la comparaison est laid !), ou d'avoir mangé trop de crêpes fourrées mexicaines avant le coucher. Ou que lui ait avalé trop de crèmes fourrées mexicaines avant le coucher. Si vous n'arrivez pas à mettre le doigt sur un problème réel, accordez-vous un délai de quarante-huit heures. Dans deux jours, votre chevalier sera peut-être soudainement de retour sur son cheval blanc.

2. Regardez en arrière. Un peu de nostalgie peut être aussi revigorant qu'une boisson énergétique. Sortez les vieilles photos et les lettres d'amour, installez-vous confortablement dans un fauteuil et remontez le temps. Invitez votre homme à se joindre à vous pour un rendez-vous « Souviens-toi quand… ». Le fait de parler du premier rendez-vous, du premier baiser, de vos lieux de promenade préférés et de ces longues conversations téléphoniques peut raviver certains sentiments qui se sont perdus dans le brouhaha du travail et des enfants. Un mot d'avertissement, toutefois. Évitez les mines anti-personnelles de la comparaison entre le passé et le présent : « Te souviens-tu quand tu avais encore des cheveux ? » « Tu te souviens quand tu rentrais encore dans cette robe ? » « Tu te souviens quand tu étais plein d'attentions pour moi ? » « Tu te souviens quand tu riais à mes blagues ? »

La chose la plus intelligente que ma femme et moi ayons faite était de diviser nos journées en projets que nous faisions ensemble et séparément. Cela nous a permis de maintenir l'habitude de travailler et de partager ensuite les histoires de nos progrès et de nos retards, sans nous « corriger » l'un l'autre ou nous coacher.

> La chose la plus sage que nous ayons faite a été de prévoir attentivement une fenêtre de temps pour quitter la maison et partir ensemble à la plage pendant cinq jours. Nous avons décidé d'en faire un secret et l'avons planifié comme une mission. Pas de réseaux sociaux ni rien pour alerter notre entourage que nous préparions quelque chose. Tout s'est passé comme prévu et nous avons apprécié le changement de décor et le temps passé en plein air. Cela nous a vraiment aidés à briser la routine autour de notre maison et à adapter nos attentes à la nouvelle « vie normale » à notre retour.
>
> — Steve Methvin, époux depuis trente-huit ans, trois enfants mariés et trois petits-enfants

3. Planifiez quelque chose d'amusant. Le « Couples Institute » propose une excellente liste de soixante-quinze manières créatives d'ajouter du piquant à ce qui peut facilement devenir des journées ternes[1]. Nous avons essayé quelques-unes de leurs suggestions, ajouté quelques-unes des nôtres et en avons maintenant plusieurs qui circulent régulièrement. Voici quelques-unes de nos préférées :

- *Cuisiner ensemble.* Nos déjeuners sont devenus des moments où il faut fouiller dans le réfrigérateur pour trouver des restes. Se pousser mutuellement du tiroir à couverts ou voir qui mettra son assiette au micro-ondes en premier, transforment une tâche banale et nécessaire de la vie en une occasion de s'amuser.

1. Stacy Lee, « Ways for Couples to Connect During Shelter in Place », Couples Institute Counseling Services, 8 avril 2020, https://couplesinstitutecounseling.com/ways-for-couples-to-connect-during-sheltering-in-place/

- *Dessiner.* Vous n'avez pas besoin d'être un artiste pour cela. En fait, ce sera même plus amusant si vous ne l'êtes pas, car cela ajoute plus d'humour. Vous pouvez même dessiner des portraits l'un de l'autre. Le Docteur Câlins se découvre un talent enfoui depuis longtemps. En revanche, moi, je ne peux pas rivaliser avec nos petits-enfants de six ans. Mais c'est quand même amusant.
- *Danser.* Lentement et romantiquement ou rapidement et follement. Dans les deux cas, vous aurez un sentiment de connexion. Vous avez des enfants ? Faites-les participer !
- *Faites de l'exercice.* J'avais dit au Docteur Câlins que les étirements de yoga l'aideraient à courir, mais il a fallu des mois d'insistance pour qu'il s'assoie enfin sur le sol et tente une pose de pigeon. Le résultat ? Un fou rire et un vœu de ne plus jamais essayer le yoga. Mais tout ce qui entraîne un rire mutuel est positif.
- *Écoutez un livre audio ou un podcast.* Notre Église a fait une série de huit sessions sur YouTube intitulée « Sujets épineux ». Nous l'avons regardée ensemble et avons ensuite passé du temps à parler de sujets qui n'étaient normalement pas abordés dans les entretiens.

> [Mon mari et moi] sommes devenus des maîtres du « flirt par texto ». Nous avons beau travailler tous les deux à domicile, en face l'un de l'autre, prendre nos repas ensemble, mais sous ces tâches quotidiennes, parfois banales, nous avons créé une affaire de cœur, *l'un avec l'autre* ! En attisant la flamme de la romance et de l'intimité comme courant sous-jacent de notre mariage, notre relation se sent jeune et excitante.
>
> — Pam Farrel, autrice[2]

2. Pam Farrel, *52 Ways to Wow Your Husband. How to Put a Smile on His Face*, Harvest House Publishers, 2011.

- *Planifiez un futur voyage.* « Où aimerais-tu aller en vacances ? » Voilà une question qui peut susciter des rêves amusants. Même si, de manière réaliste, vous savez que vous n'avez le temps et l'argent que pour un long week-end de camping, il est toujours amusant de planifier ces vacances « un jour, peut-être ». Faites comme si vous étiez séparément riches. Fermez les yeux et imaginez-vous tous les deux en train de siroter des boissons sous une ombrelle à cocktails, au bord de votre piscine privée, à débordement, à côté de votre bungalow sur pilotis, sur la plage de Maroma au Mexique… Puis allez faire des crêpes fourrées mexicaines ensemble !

En faisant preuve d'un peu de créativité, vous pourrez dresser une liste de choses à faire ensemble qui vous permettront de chasser les bâillements et de rallumer les braises agonisantes.

- *Sortez les jeux de société.* Pendant des années, après le départ de nos enfants, les jeux de société n'étaient sortis que lorsque les petits-enfants étaient là. Mais nous avons renoué avec le plaisir dans le cadre de nos nouvelles habitudes de retraite. Nous nous faisons une concurrence féroce mais amicale sur *Les aventuriers du rail*, *Port Royal* et *Splendor*.
- *Utilisez des chaussettes propres, enroulez-les de manière indépendante et faites une bataille de boules de neige.* J'ai dû rire à cette idée du Couples Institute. Je l'ai pratiquée avec les cinq garçons de notre plus jeune fils. Nous avons construit des barricades avec des coussins de canapé et laissé les chaussettes voler. Je n'ai jamais pensé à faire ça avec Docteur Câlins, mais il y a toujours une première fois. Baisse-toi, chérie !

En faisant preuve d'un peu de créativité, vous pourrez dresser une liste de choses à faire ensemble qui vous permettront de chasser les bâillements et de rallumer les braises agonisantes.

Cynthia

Et si nous pouvions transformer les malentendus en compréhension, l'aggravation en adaptation, et les braises agonisantes de l'amour en flammes brillantes et inextinguibles ? Oui, même pendant une période où l'on semble cultiver trop d'intimité. Dieu est tout à fait favorable à cette idée. Dans Romains 15.5, nous lisons que Dieu, qui donne la patience, la constance et l'encouragement, veut que nous vivions en parfaite harmonie les uns avec les autres, chacun adoptant envers autrui l'attitude du Christ.

Lorsqu'il recherche l'approche d'harmonie, un professeur de musique ou un directeur de chorale proposera souvent deux exercices. Plutôt que de regarder leur partition, les chanteurs sont encouragés à se regarder les uns les autres. Il est vrai qu'à l'exception des élèves à l'esprit sérieux, au niveau du collège, cela peut conduire à l'équivalent d'une bataille de nourriture. Mais les musiciens plus mûrs qui tentent l'expérience s'entendent mieux, au sens littéral. Comment le fait de s'observer mutuellement a-t-il amélioré leur harmonie ?

Intrigant, n'est-ce pas ?

Ensuite, le même professeur de chant ou directeur de chorale demandera aux chanteurs de fermer les yeux et de chanter le même morceau de musique. Ils apprennent rapidement à écouter un souffle, le moindre crescendo, et le ton précis avec lequel ils s'harmonisent. Il ne s'agit pas d'un son proche de la hauteur de la note, mais d'un son si proche qu'ils maîtrisent, sans le savoir, l'art de la précision des temps morts et des notes finales et imitent même les légères nuances de vibrato de l'autre.

Ils s'écoutent si attentivement et s'adaptent mutuellement avec tant de soin, sans se laisser distraire par autre chose, que les musiciens découvrent des indices les uns des autres qui contribuent à une meilleure harmonie. En fin de compte, l'expérience musicale est plus satisfaisante, tant pour les musiciens que pour le public.

Il n'est pas difficile d'imaginer comment cela pourrait s'appliquer à des moments de notre vie où nous semblons désynchronisés avec la personne que nous aimons, ou moins conscients de ses « nuances ». Nous avons l'impression de chanter en boucle « Rame, rame ton bateau, la vie n'est qu'un rêve ». Où est l'excitation dans tout cela ?

L'unisson, lorsqu'il est bien fait, est charmant. L'harmonie, lorsqu'elle est bien réalisée, peut faire vibrer l'âme. Et n'est-ce pas ce que nous recherchons ? Remplir notre maison d'harmonie, et non de discorde ? Ou d'un silence gênant ?

Nous serons bien mieux lotis si nous reconnaissons dès le début du processus que si nous voulons honorer Dieu par notre vie, chaque pas que nous faisons est un ajustement aux autres et un réalignement sur la perspective et les désirs de Dieu pour nous. Vous ne serez pas surpris d'apprendre qu'une heure avant de mettre ces mots sur papier, Supermari et moi étions debout dans la cuisine en train de discuter d'un sujet que nous avons peut-être ou peut-être pas haché en petits bouts gluants de chicaneries stériles une dizaine de fois à la puissance dix dans notre mariage. Je ne sais pas ce qu'il avait dans la tête, mais dans la mienne, je me voyais dans une situation où je pouvais :

- *Céder au nom de la paix mais ne rien résoudre.* En fait, laisser le sujet revenir à un état d'indifférence, peu motivant, peu exceptionnel, sans intérêt, sans enthousiasme ou sans solution.

- *Continuer à insister, à défendre ma position*, dont je pensais franchement qu'elle pouvait rivaliser avec les plaidoiries finales d'un avocat hors de prix dans une affaire difficile.
- *Trouver un moyen de le rendre heureux.*

Dès que j'ai fait taire mon cœur assez pour entendre la solution « rends-le heureux », j'ai eu ma réponse. Qui se contenterait de « chicanerie » s'il pouvait le convertir en « bonheur » ? Propulsé par ce que je savais être le Saint-Esprit plutôt que ma nature, j'ai dit : « Je me demande si ce que nous avons de mieux à faire tous les deux en ce moment, ce ne serait pas de donner du mou à la corde entre nous ? »

Qui se contenterait de « chicanerie » s'il pouvait le convertir en « bonheur » ?

Il a levé les yeux, un sentiment de soulagement visible sur son visage. « Tu as raison. »

Je suis allée de son côté de l'îlot de cuisine et j'ai entouré ses épaules de mes bras. « Et si on se laissait de grands espaces de liberté de mou pour qu'on puisse oublier cette chicanerie ? »

(Dans ce cas, « cette chicanerie » était le projet de rénovation qui s'était transformé d'une aventure dynamique en discussions stériles et interminables sur ce qui sépare la ligne droite de la ligne de niveau.)

La voie du « rendre heureux » a eu un excellent retour sur investissement. La paix a régné de nouveau. La productivité a augmenté. Et nous étions à nous féliciter mutuellement d'avoir résolu un calcul difficile pour minimiser les irrégularités des murs de cette vieille, vieille maison.

Chicanerie peut parfois signifier simplement « Bof! peu importe! » Ou « Ça m'est égal... Ce qui ne veut pas dire que je n'ai pas d'opinion sur ce sujet. » Et parfois, la chicanerie est un état d'esprit, lorsque la complicité maximale au fil du temps nous amène à définir le succès comme le fait de se supporter assez bien. Comme un collègue que vous devez supporter, avec lequel vous trouvez le moyen de travailler, mais que vous n'inviteriez jamais à déjeuner.

Rien dans la façon dont Dieu crée la vie n'opte pour le « Bof! Peu importe! » Il est un Dieu relationnel. Son plan est axé sur l'excellence, la croissance continue et l'abondance. C'est un Dieu passionné qui applaudit la dévotion sans réserve (Psaumes 119.10) et la mentalité « qui fait de son mieux ». S'il est peiné lorsque l'amour de son peuple à son égard tiédit (Apocalypse 3.16), devient morne, pourquoi ne ressentirait-il pas la même chose pour une union qu'il a instituée et qu'il bénit?

L'antidote divine au laisser-aller

Éternel, Dieu d'Israël! Il n'y a pas de Dieu semblable à toi, ni là-haut dans le ciel, ni ici-bas sur la terre! Tu es fidèle à ton alliance et tu conserves ta bonté à tes serviteurs qui se conduisent selon ta volonté *de tout leur cœur.*

(1 Rois 8.23, italiques ajoutés)

Dans tout ce que vous pouvez dire ou faire, agissez au nom du Seigneur Jésus, en remerciant Dieu le Père par lui.

(Colossiens 3.17)

Quel que soit votre travail, faites-le de tout votre cœur, et cela comme pour le Seigneur et non pour des hommes. Car vous savez que vous recevrez du Seigneur, comme récompense, l'héritage qu'il réserve au peuple de Dieu. Le Maître que vous servez, c'est Christ.

(Colossiens 3.23-24)

Et voici ce que je demande dans mes prières : c'est que votre amour gagne de plus en plus en pleine connaissance et en parfait discernement pour que vous puissiez discerner ce qui est important. Ainsi vous serez purs et irréprochables au jour de Christ. (Philippiens 1.9-10)

Enfin, frères et sœurs, nourrissez vos pensées de tout ce qui est vrai, noble, juste, pur, digne d'amour ou d'approbation, de tout ce qui est vertueux et mérite louange. (Philippiens 4.8)

Auteurs et conférenciers, Bill et Pam Farrel déclarent souvent que la question n'est pas « Comment ressembler à ce couple ? » ou « Comment bien faire telle ou telle chose ? » mais : « Comment donner le meilleur nous-mêmes ? »

Les marins connaissent bien le pot au noir ou zone des calmes équatoriaux, qui est bien plus qu'un concept. Le pot au noir est une expression nautique qui désigne la bande invisible autour de la terre, près de l'équateur, où les alizés soufflent régulièrement de part et d'autre mais sont absents à l'intérieur de la bande. Les voiliers s'embourbent parfois dans les eaux sans vent du pot au noir. Ils veulent aller de l'avant mais en sont empêchés. L'apathie d'une succession apparemment sans fin de jours de pot au noir est connue pour rendre fous même les marins chevronnés. Ils ne peuvent pas atteindre leur destination. Ils ne peuvent pas opérer un demi-tour. Ils dérivent si lentement qu'ils bougent à peine et restent dans une immobilité étouffante.

Qui veut admettre que nos mariages peuvent dériver dans un modèle de jours sans vent ? Aucun courant vers l'avant. Rien pour remplir les voiles de nos âmes. Nous sommes toujours dans le voilier. Toujours ensemble. Mais non seulement nous sommes immobiles, de plus, nous vidons nos rations et nous nous regardons l'un l'autre comme s'il était le coupable qui empêche le vent de souffler.

Surtout en période de stress, ou de confinement volontaire ou non dans le même espace, ou dans les journées ou les périodes durant lesquelles les voiles de notre mariage n'ont pas de vent, la survie dépend de notre attitude l'un envers l'autre, de la mise en œuvre de mesures créatives d'endurance, et de notre ferme engagement à attendre.

Les seules personnes qui ne sortent pas du pot au noir sont celles qui s'auto-sabotent, qui abandonnent trop tôt ou qui se dévorent mutuellement.

Dur ? Si nos paroles sont mordantes, si notre attitude massacre ou si nous commençons à considérer notre conjoint comme l'adversaire dans le marasme, nous cannibalisons métaphoriquement notre mariage. Le voilier vide finira par dériver vers le rivage. Le pot au noir est un phénomène naturel. Dans un mariage, il survient parfois parce que le mari et la femme ont négligé de prêter attention aux signes révélateurs de leur dérive. Le moment est-il venu d'envoyer un signal de détresse, d'abord à Dieu, qui vous a réunis, puis, si nécessaire, à un conseiller conjugal qualifié ?

CHAPITRE 17

Algorithmes circadiens : Résoudre le problème des préférences horaires divergentes

Cynthia

Nous avons des amis qui vivent dans une minuscule maison flottante. Pour être plus précis, ils (deux couples, en fait) vivent sur des voiliers. Leur mode de vie de conjoints présents 24 heures sur 24 et 7 jours sur 7 dans leur salon linéaire ou sur leur dunette pourrait me faire sentir coupable d'avoir tempêter contre le couloir de 45 cm de large que mon mari et moi avons emprunté des dizaines de fois par jour jusqu'à ce que, quarante-deux ans plus tard, nous puissions respirer l'air glorieux de la vie en plein air. Mais les expériences de nos amis m'ont donné des idées pour faire face aux rythmes bizarres, circadiens ou autres.

Une femme vivant sur un voilier, Pam Farrel, auteur du best-seller *Men Are Like Waffles, Women Are Like Spaghetti*[1],

1. Bill et Pam Farrel, *Men Are Like Waffles, Women Are Like Spaghetti*, Harvest House Publishers, 2017.

raconte : « Si je chante et prie à haute voix, cela peut déranger [mon mari]. L'espace est si réduit. Nous partageons un même ministère sur lequel se greffent des ministères et des entreprises individuels ; nous devons donc échelonner nos appels téléphoniques et surtout nos réunions en vidéo, car nous parlons tous les deux de plus en plus fort lorsque nous sommes excités par un projet sur lequel nous travaillons. Par conséquent, même si nous choisissons des extrémités opposées du bateau, nous ne pouvons jamais être tous les deux sur un appel téléphonique ou un appel vidéo en même temps. »

Peut-être avez-vous adopté des heures de coucher différentes de celles de votre conjoint. Peut-être partagez-vous des idées différentes quant à la quantité suffisante de temps qu'il faut consacrer aux petits-enfants. Des besoins différents en matière de socialisation, de calme, d'être sur la route (ou sur l'eau) et d'être à la maison. Ces algorithmes circadiens et de personnalité peuvent perturber notre rythme de couple si nous n'en sommes pas conscients, si nous ne respectons pas les différences et si nous n'avons pas l'intention de prendre du recul pour laisser l'autre prendre l'initiative de temps en temps.

Si nous recherchons un partenaire dont l'horloge interne et les intérêts sont identiques aux nôtres, nous nous marions à nous-mêmes. Et cela va à l'encontre du but recherché.

Nous ne décidons pas de l'engagement d'un mariage à vie en comparant nos réponses à un questionnaire du type « Ressemblons-nous à cette personne-type ? » Dans quel couple les *deux* partenaires trouvent-ils que cinq heures et demie est l'heure idéale pour se lever, décalée pour compenser l'équinoxe de printemps ? Dans quel couple les *deux* trouvent-ils un second souffle à neuf heures du soir et travaillent-ils d'arrache-pied jusqu'à minuit ? (Ces personnes ne dorment pas suffisamment si elles se lèvent à l'aube et se couchent à minuit, soit dit en passant).

Maintenant, il est possible que les deux parties pensent que la coriandre a un goût de savon, malgré les découvertes génétiques qui affirment qu'un arrière-goût de savon n'est un problème que pour 4 à 14 % des humains. Un signe évident de compatibilité conjugale, non ?

Si nous recherchons un partenaire dont l'horloge interne et les intérêts sont identiques aux nôtres, nous nous marions à nous-mêmes. Et cela va à l'encontre du but recherché. Cela nous prépare également à une vie étriquée, à des histoires n'ayant qu'un seul point de vue et à un manque de conversations stimulantes (parfois appelées discussions intenses).

Une de mes amies dit qu'elle et son mari semblent être décalés de deux heures, comme s'ils vivaient dans deux fuseaux horaires différents dans la même maison. Il aime se lever deux heures avant qu'elle soit prête pour la journée, et il reste à sa femme encore deux heures d'énergie quand il est prêt à se coucher.

D'autres amis m'ont fait part de leurs propres difficultés et de leurs mécanismes d'adaptation à des préférences horaires différentes.

Casey déclare : « Mon mari est généralement parti avant que le reste de la famille se lève le matin, et il s'endort bien avant moi. Maintenant qu'il est à la maison la moitié de la semaine, c'est un peu une adaptation. Un matin, il se tenait au bord du lit, comme s'il voulait dire : “Bon, il est temps de commencer à bouger.” »

Kelly raconte : « Mon mari et moi réapprenons à nous adapter à des rythmes de sommeil différents après avoir fait partie pendant sept ans d'équipes de travail aux horaires opposés. Mon mari travaillait de nuit, mais il a récemment perdu son emploi. Maintenant, il est tout le temps à la maison, y compris la nuit. J'ai fini par lui dire que j'ai veillé sur notre maison et nos enfants pendant sept ans et que chaque fois qu'il se lève au milieu de la nuit, je suis réveillée. Il peut estimer avoir besoin d'une collation à 3 heures du matin, mais moi, j'ai besoin de dormir! »

Mon amie Billie témoigne : « Il sait que je suis un meilleur être humain si je dors bien! »

Michelle ajoute : « En ce qui concerne les rythmes de coucher différents? Nous avons coupé la poire en deux et avons choisi la moyenne! »

Un point commun caractérise mes amies qui ont répondu à la question sur les conflits concernant les heures de lever et de coucher : la courtoisie. C'est encore ce mot. Les couples qui s'épanouissent malgré leurs différences circadiennes font preuve de courtoisie en pratiquant le commandement biblique : « – l'amour fraternel : soyez pleins d'affection les uns pour les autres; – l'estime mutuelle : soyez les premiers à la manifester » (Romains 12.10). En d'autres termes, nous devons être dévoués l'un à l'autre et nous efforcer d'exceller dans le respect de l'autre.

Si je me moque des préférences ou du cycle naturel veille-sommeil de mon conjoint, je dresse un mur dans notre relation. Si je cède à ses préférences, je risque de perdre mon meilleur sommeil paradoxal.

Cela m'est arrivé. Une léthargie persistante s'est avérée un trouble du sommeil exacerbé par le fait que je me levais tôt pour préparer le petit-déjeuner de mon mari ainsi qu'un déjeuner pour sa journée de travail. Un examen médical a révélé que je sacrifiais systématiquement le rythme naturel du sommeil paradoxal, la partie la plus réparatrice et la plus profonde du cycle de sommeil. Mon médecin m'a recommandé de chercher un autre moyen de faire le bonheur de mon mari afin de ne pas perpétuer la privation de sommeil paradoxal. N'étant pas du genre à désobéir aux ordres d'un médecin, j'ai parlé à mon mari du plan prescrit. Il a convenu que ma santé exigeait que je dorme plus tard le matin, et il a commencé à préparer lui-même son déjeuner et son petit-déjeuner les jours de travail. Il a regretté et un peu souffert que je ne lui prépare plus le petit-déjeuner ces jours-là, même s'il s'est mis à aimer les sandwichs du petit-déjeuner au micro-ondes. Nous avons regretté tous les deux de ne plus pouvoir commencer notre journée ensemble les jours où il travaillait. Mais beaucoup de choses se sont améliorées pour nous en tant que couple et pour moi personnellement lorsque le manque de sommeil s'est estompé.

Maintenant que nous sommes membres du Club « Nous sommes à la Maison Tout Le Temps », nous commençons presque toutes nos journées ensemble et partageons un bienfaisant moment de méditation. Je suis de retour au poste pour préparer le petit-déjeuner… après avoir profité d'une bonne dose de sommeil paradoxal.

Mon mari respecte mes besoins. À mon tour, je ne mets pas de musique après son heure de coucher, sauf si j'écoute avec un casque ou des écouteurs. S'il y a une émission de télévision qui nous intéresse tous les deux, mais qu'elle passe après qu'il a déjà monté les escaliers au son des sirènes de son oreiller, je l'enregistre pour que nous puissions la regarder ensemble ultérieurement. Même si nous ne sommes plus que tous les deux à la maison, je prépare de grandes quantités de ce que nous mangeons pour le dîner afin qu'il y ait toujours dans le réfrigérateur quelque chose de savoureux à réchauffer si son rythme circadien lui dit qu'il a faim pour le déjeuner bien avant moi. Ce n'est pas un concours, mais c'est une pratique réconfortante que de s'efforcer de se surpasser en termes de prévenance.

Becky

Julie est sortie du lit à sept heures et a erré de pièce en pièce dans une maison tranquille avant de se rendre compte que son mari n'était pas là. Une fois de plus. Pas un mot sur le comptoir de la cuisine. Pas de message. Jésus était-il revenu pour chercher son Église et l'avait-il oubliée ? Non, pas du tout. Juste un autre épisode de la disparition de Georges.

Georges est une personne matinale. Il se lève à 4 heures du matin et se met en route pour être au lac dès 5 heures. Et il veut sa femme à ses côtés. Julie ne craint pas de pêcher… quand le soleil est suffisamment haut dans le ciel pour qu'elle puisse voir comment appâter l'hameçon sans se transformer en appât elle-même.

Après trente ans passés derrière son bureau dès huit heures du matin, cinq jours par semaine, dans un bureau dynamique, la dernière chose qu'elle souhaite désormais faire, c'est de sauter du lit avant le lever du soleil, de siroter un café dans une tasse de voyage et de prendre son petit-déjeuner avec un petit pain ordinaire. Elle aime s'étirer tranquillement dans son lit, en pointant ses orteils vers l'espace vide du matelas laissé vacant quelques heures auparavant par son homme agité. Le café est un rituel qui consiste à moudre les grains de café, à chauffer l'eau, à la laisser infuser dans sa cafetière française, à ajouter trois cuillères de crème de noisette et à mixer le tout pour obtenir une boisson mousseuse… qu'elle sirote lentement dans la véranda en lisant sa Bible et en savourant du pain grillé avec du fromage frais et de la confiture de fraises.

Julie a des raisons de se demander pourquoi Dieu l'a mise en relation avec une personne qui ne lui correspond pas du tout.

Pouvez-vous comprendre ? J'ai été élevée par une personne matinale. Jusqu'à ce que j'atteigne ces « années d'arrière-saison », j'aurais préféré ne pas voir le soleil avant qu'il ne soit monté à mi-hauteur de l'heure du déjeuner. Ma mère éprouvait une sorte de plaisir pervers à mettre de la musique sur la chaîne stéréo du salon et à sauter dans ma chambre en annonçant joyeusement « Muffins et Tang frais ! Debout, c'est l'heure ! » tout en tirant les rideaux pour que des rayons du soleil puissent poignarder mes yeux encore paisiblement endormis. (Tu as raison, je devrais vraiment voir un conseiller à propos de ma colère pas si refoulée que ça.)

Heureusement, j'ai épousé un homme qui, bien qu'il se lève avant moi la plupart du temps, commence sa journée tranquillement… et n'attend pas que j'appâte les hameçons à cinq heures du matin. Mais nos différences causent quelques problèmes.

Depuis que nous sommes jeunes mariés, nous nous couchons à la même heure la plupart du temps. Nous lisons tous les deux pendant quelques instants, puis il pose son iPad et m'embrasse, et je continue à lire… parfois pendant une heure ou plus. Si mes yeux sont fatigués mais que mon cerveau fonctionne encore, je mets des écouteurs et j'écoute un livre audio ou un podcast ou je regarde un film. Je me sens généralement assoupie vers minuit.

Si le vermisseau bouquineur se fait pousser des ailes pour s'envoler de temps en temps avec son compagnon ou si le papillon social choisit de voler sur place un peu plus longtemps pour passer du temps au niveau du sol, ils vivent tous deux une expérience nouvelle.

Le matin, il est hors du lit à six heures et demie, et j'ouvre les yeux une heure plus tard, puis je me tiens au courant des nouvelles et des réseaux sociaux sur mon téléphone pendant une demi-heure ou plus avant de sortir du lit. Pourquoi ne pas rester debout jusqu'à minuit si je ne suis pas fatiguée ? C'est une bonne question. Je suppose que j'ai toujours considéré le fait de se coucher à la même heure comme un moyen de créer des liens. Éteindre les lumières et verrouiller les portes ensemble met un terme à notre journée. Se brosser les dents ensemble n'est pas aussi romantique que je l'avais imaginé, mais il y a un élément d'intimité dans tout ce que nous faisons à la fin de la journée. J'enlève mon maquillage, mon visage public, et nous nous glissons tous les deux dans un pyjama confortable. Ce n'est pas une intimité digne d'un film, mais il y a une vulnérabilité confortable dans ces rituels que personne d'autre ne voit.

Il n'y a pas que les horaires de sommeil qui peuvent être désynchronisés. Vous aimez peut-être être en mouvement du lever au coucher du soleil, mais lui préfère prendre son temps et prévoir des siestes. Nos besoins en matière de socialisation peuvent être très différents. Si vous êtes un vermisseau bouquineur mariée à un papillon social, vous aurez tous les deux besoin d'une métamorphose pour que la vie fonctionne bien.

Changer quelque chose en moi pour que nous soyons plus synchronisés ne signifie pas forcément renoncer à ce que je suis. Si le vermisseau bouquineur se fait pousser des ailes pour s'envoler de temps en temps avec son compagnon ou si le papillon social choisit de voler sur place un peu plus longtemps pour passer du temps au niveau du sol, ils vivent tous deux une expérience nouvelle.

Que nous travaillions à domicile ou que nous soyons retraités, le fait d'être ensemble 24 heures sur 24, 7 jours sur 7 peut souvent nous permettre de faire preuve de beaucoup plus de souplesse, et de grâce, dans nos horaires. La grâce est importante. Notre ami Dave est l'un de ces gars qui aiment aider leurs voisins. Avez-vous besoin de quelqu'un pour réparer un évier qui fuit, bêcher votre jardin ou aller acheter les médicaments pour grand-mère ? Dave est votre homme. Le téléphone sonne, et il laisse tomber ce qu'il fait pour être là… même si cela exige qu'il renonce à quelque chose de la liste des priorités de sa femme.

Cela a posé un problème pendant des décennies lorsqu'ils travaillaient tous les deux à l'extérieur de la maison. Il était en train de désherber le jardin un samedi après-midi lorsque Joe, en bas de la rue, appelait à l'aide pour régler son moteur. Shirley sortait, les gants de jardinage à portée de main, pour travailler aux côtés de son mari, et la parcelle de tomates était vide. Maintenant qu'ils sont tous les deux à la retraite, elle voit le grand cœur de Dave plutôt que sa grande liste de choses à faire. La plupart du temps, en tout cas.

> Ce qui a fait que le foyer à plein temps a fonctionné pour nous, c'est que j'ai adapté mon horaire de travail de façon à être disponible pour aider les enfants et pour créer un espace pour elle après qu'elle a eu la charge de cinq enfants toute la journée. La meilleure chose qu'elle a faite, c'est de communiquer exactement ce dont elle avait besoin dans cet horaire aménagé.
>
> — Steven Montepeque, père de cinq enfants

Dave et George pourraient apprendre une chose ou deux sur la communication. Parler tous les soirs des plans du lendemain (en enfilant son pyjama confortable) peut éviter bien des frustrations. Si un voisin appelle, ou si le lac vous attire, laissez un mot ou envoyez un message. Shirley apprend aussi à être plus souple dans ses listes. Julie sacrifie son sommeil un jeudi matin sur deux et rejoindre George sur le bateau, tasse de voyage et bagel froid à la main, pour regarder le lever du soleil ensemble.

Ce sont les petites choses accomplies qui nous font vivre en harmonie les uns avec les autres.

Gérer les défis d'une période inattendue de « Tout le temps à la maison »

La chose la plus intelligente que j'ai faite a été d'approfondir résolument ma marche personnelle avec Dieu pour cultiver une attitude saine, puis d'intégrer des distractions joyeuses dans la monotonie de nos journées pour y impliquer nos cœurs : des jeux aux projets domestiques en passant par la planification de repas spéciaux. La chose la plus intelligente que ma femme a faite a été d'utiliser son don de décoratrice pour que notre maison soit gaie, lumineuse, qu'elle sente bon, qu'elle soit ordonnée et remplie de bonnes choses. La chose la plus sage que nous ayons faite en tant que couple a été de discuter calmement, en faisant un sujet de prière, rationnellement et personnellement de ce que nous ressentions, en particulier lorsque nous nous sentions frustrés, irrités ou anxieux.

— Cary Schmidt, pasteur et auteur[2]

---

2. Cary Schmidt, *Stop Trying. How to Receive – Not Achieve – Your Real Identity*, Moody Publishers, 2021.

CHAPITRE 18

Quand j'ai dit « oui » à l'engagement de l'aimer « dans la maladie », je le pensais vraiment

Cynthia

Mon mari a failli mourir seulement trois fois. Une, deux... Oh, non. Seulement deux fois. Dont je me souviens clairement.

La première fois, il se trouvait au fin fond du désert canadien lorsqu'une maladie soudaine l'a frappé avec une telle violence qu'elle a terriblement perturbé son diabète normalement bien géré. Les médecins ne savent toujours pas si c'était une attaque de la vésicule biliaire ou une pancréatite. Lorsqu'il a finalement été secouru, il était au bord d'un coma diabétique dont il ne serait probablement pas sorti. Son médecin personnel a estimé que si l'équipe de secours était arrivée ne serait-ce qu'une heure plus tard, elle aurait récupéré un corps sans vie.

J'étais à une heure de devenir une veuve trop jeune, à un souffle du « jusqu'à ce que la mort nous sépare ».

Sans moyen de communication aussi loin de la civilisation, il n'a pas pu me faire savoir qu'il avait des ennuis de santé, il n'a pas pu formuler un « Au revoir » qui ne fut finalement pas nécessaire. Et il serait parti avant que j'aie la possibilité de prendre soin de lui.

Lorsque j'ai appris du petit hôpital isolé qu'il était en soins intensifs, luttant pour son retour à la vie, douze heures de voyage nous séparaient. Chaque kilomètre de ce voyage s'est rempli de questions. Était-il vraiment sorti d'affaire, dans tous les sens du terme ? Ou les dommages causés à son organisme étaient-ils trop importants ? Les pensées que je ne voulais pas entretenir se sont présentées sans y être invitées. Devrais-je commencer à penser aux préparatifs des funérailles, au cas où... Même s'il survivait, la vie telle qu'on la connaissait serait-elle la même ou à jamais différente ?

Trois jours plus tard, il est sorti de l'hôpital et m'a été confié. J'ai fait un lit pour lui à l'arrière de notre camionnette transformée en pseudo-ambulance et on m'a confié la responsabilité de le maintenir en vie pendant les douze heures du voyage de retour. Pendant que je conduisais, je me demandais : À quoi pensaient-ils donc ?

Et *moi*, à quoi pensais-*je* ?

Dans quelle mesure va-t-il se rétablir ? Qu'est-ce qui a changé ? Nous accommoderons-nous tous les deux de cette situation ?

J'étais aussi malheureuse pour lui que pour moi. Les inconvénients ne me dérangeaient pas. Mes attentes avaient été bouleversées ; j'espérais qu'il serait toujours le plus fort physiquement, qu'il serait toujours celui qui fournirait et protégerait, que je pourrais compter sur la vie pour qu'elle se déroule comme prévu.

Après deux vies d'attentes bouleversées et d'inquiétudes parfois dévastatrices, Becky et moi sommes d'accord pour témoigner que le genre d'amour que les humains ressentent sur le chemin de l'autel n'est pas le même que celui qui peut soutenir un couple dans les hauts et les bas de la vie conjugale.

> Même si je suis très reconnaissante de pouvoir travailler de chez moi en raison de la sénilité précoce de mon mari, ma vie me manque. Et en tant qu'introvertie, mon intimité me manque. À mesure que mon mari devient plus enfantin, il veut de plus en plus être à mes côtés. Une douche sans qu'il fasse irruption pour me retrouver semble être un plaisir rare ces jours-ci. Mais chaque fois que je ressens cet état d'âme, Dieu me rappelle que je ne le verrai pas toujours m'interrompre ou envahir « mon » espace ; alors je mets mon égoïsme de côté pour retourner vers lui.
>
> — Marti Pieper, autrice et éditrice

Cela s'est avéré une fois de plus treize ans plus tard lorsque mon mari est tombé de son observatoire de chasse et s'est cassé le dos et le fémur. L'intervention chirurgicale visant à recoller les pièces du puzzle de son fémur l'a empêché d'utiliser la force du bas du corps pour l'aider à affronter la vie après l'accident. Et son dos cassé l'empêchait d'utiliser la force du haut du corps. Nous étions de nouveau plongés dans une période de soins où l'on se dit : « Je suis heureuse que tu sois en vie, mais c'est dur. »

Aucun d'entre nous ne peut se préparer entièrement au temps passé ensemble 24 heures sur 24 et 7 jours sur 7 à la suite d'un accident, d'une blessure ou d'une maladie physique, émotionnelle ou mentale. Peut-être êtes-vous le soignant, peut-être êtes-vous la personne qui a besoin de soins. Quoi qu'il en soit, vous ressentez la pression sur votre mariage. Ce n'est pas le moment de plaisir et d'insouciance dont vous rêviez.

Aucun d'entre nous n'a imaginé les antidépresseurs et leurs effets secondaires, les bassins de lit et les cathéters, la chimiothérapie, les crises de panique, les migraines quotidiennes ou la démence lorsque nous avons fait cette promesse « dans la maladie et dans la santé ». Vous pouvez vous sentir piégée, impuissante, surmenée, ou avoir l'impression d'être un fardeau.

« Dieu a un plan », cela fait cliché, mais si nous disséquons cette déclaration, nous trouverons des solutions pratiques pour que cette promesse prononcée lors du mariage s'accorde avec la profondeur du sens que Dieu avait en tête lorsque nous nous sommes tenus devant l'autel.

Dieu : le seul qui a le pouvoir de changer quoi que ce soit à notre situation.

A : au présent. Nous ne nous adressons pas à un Dieu qui, ensuite, commence à agir pour nous secourir. La Bible nous dit qu'il est déjà en train d'élaborer son plan avant que les mots ne sortent de nos lèvres (voir Ésaïe 65.24).

Un plan : pas un vœu pieux. Dieu n'opère pas en espérant que son idée fonctionnera, mais en sachant ce qui s'est passé avant, ce qui se passe maintenant, et quel sera le résultat final. Nous ne pouvons pas nous engager dans une situation, y compris la maladie ou le diagnostic, sans que Dieu ait déjà été là, qu'il ait préparé le terrain pour nous et qu'il ait rempli les étagères avec ce dont nous aurons besoin.

« Dieu a un plan », cela fait cliché, mais si nous disséquons cette déclaration, nous trouverons des solutions pratiques pour que cette promesse prononcée lors du mariage s'accorde avec la profondeur du sens que Dieu avait en tête lorsque nous nous sommes tenus devant l'autel.

Vous n'aviez peut-être jamais envisagé de devenir physiothérapeute, mais vous vous retrouvez à assumer ce rôle pour aider et soigner un conjoint blessé ou invalide. Vous avez peut-être préféré le laboratoire de recherche aux soins infirmiers pour ne jamais avoir à vider un bassin de lit, mais vous le faites maintenant. Vous aviez peut-être discerné ce qui vous attirait le plus chez votre conjoint : la force, la forme physique, le tempérament doux, tout cela disparaît complètement dans « la maladie ».

Mais vous avez fait le serment…

Prenez courage. Dieu n'est pas pris au dépourvu. Il sait combien la situation peut être différente de ce que vous aviez imaginé. Et une promesse, liée à l'engagement de mariage est attestée, à des fins juridiques et de rappel des vœux, par les autres noms figurant sur votre certificat de mariage, par votre famille et vos amis qui vous soutiennent, et par le Dieu qui connaissait la situation dans laquelle vous vous trouvez avant que vous ne prononciez le « Oui ». Si votre conjoint est malade, en convalescence ou en proie à la démence ou à une maladie mentale et que vous êtes son soignant à plein temps, rappelez-vous que la meilleure chose que vous puissiez faire est de vous maintenir en bonne santé physique, spirituelle, émotionnelle et mentale. Ce n'est pas égoïste. Cela fait partie du cadeau que vous faites à la personne que vous aimez.

Becky

Hannah pensait chaque promesse qu'elle a faite à Alan devant Dieu et une église pleine de témoins. Ces promesses brillantes, enveloppées de satin blanc, semblaient toutes pouvoir être tenues facilement. Jusqu'à ce que, trente ans plus tard, quand l'homme qu'elle avait juré d'aimer pour le meilleur et pour le pire, dans la maladie et dans la santé, a commencé à changer.

« La dépression d'Alan a recadré toute ma vision de nos années de retraite », me dit Hannah. « Il est passé du stade d'homme aimant s'amuser, responsable et travailleur à celui d'un homme peu sûr de lui, craintif et dépendant, prisonnier de ses pensées. Au début, j'étais en état de choc et dans le déni, me demandant comment j'allais m'en sortir. Je ne connais *rien* à tout cela ! J'ai pensé à mes vœux de mariage qui étaient maintenant mis à rude épreuve. Notre mariage pouvait-il survivre ? Est-ce que je vais renoncer ? »

Pouvez-vous imaginer être à la place d'Hannah ? Pouvez-vous trop bien l'imaginer ?

La plupart des mariages connaissent des moments où l'un des conjoints a besoin de soins et de soutien supplémentaires et n'est pas en mesure d'assumer ses responsabilités normales. Grossesse, dépression post-partum, maladie de courte durée, chirurgie, blessure. Ces périodes mettent notre patience à rude épreuve et peuvent faire travailler nos muscles de grâce de manière brutale. Heureusement, la plupart de ces périodes sont temporaires. Nous mûrissons durant ces périodes. Nous découvrons que nous sommes capables de faire et d'être plus que ce que nous pensions.

Mais si ce n'est pas un temps limité ? Et si c'était une vie entière ? Un handicap permanent, une maladie chronique qui change notre mode de vie, un diagnostic en phase terminale… La relation d'aide prénuptiale ne prépare personne à ces éventualités. On n'entre pas dans le bonheur conjugal avec un plan B pour de telles crises.

C'est une formation en cours d'emploi. Et cela peut arriver dès la deuxième semaine de mariage, comme ce fut le cas pour l'un des amis de Cynthia, ou une semaine ou plus après le début de la retraite, ou au milieu d'un ouragan, d'un licenciement ou d'un ordre soudain de travail à domicile.

Je ne suis pas fan de l'expression à la mode « nouvelle normalité », et pourtant elle convient ici. Tout comme une victime d'un accident vasculaire cérébral doit réapprendre à marcher, à parler et à effectuer d'autres activités de la vie quotidienne, un couple dont le monde est bouleversé par une union non planifiée doit acquérir de nouvelles compétences. De nouvelles façons de se parler, de reconnaître et d'exprimer ses besoins, de servir et d'aimer.

Hannah témoigne : « Nos capacités de communication ont été mises à mal. Il m'arrive de ne pas être honnête de peur de le faire se sentir encore plus mal. Le temps de loisirs que nous passons ensemble s'est considérablement réduit. Nous avons dû apprendre à vivre avec moins d'argent qu'auparavant et à établir des priorités dans nos dépenses. Je ne suis plus couverte par l'assurance de mon conjoint et cette dette a donc augmenté. Sa dépression a également affecté ma santé physique. J'ai du mal à renoncer à la satisfaction de mes besoins et à les mettre de côté, pour être au service de mon conjoint. Je confesse que je lutte également contre le ressentiment, la colère et la lassitude. J'ai dû faire le deuil de ce que nous avions. »

Pleurer la perte de ce que vous aviez est normal, sain et nécessaire. Si vous avez tous deux la capacité et l'énergie de parler de vos problèmes ensemble ou avec un conseiller, l'honnêteté peut vous permettre de surmonter de nombreux obstacles. Parfois, cependant, en parler n'est pas possible ou peut exacerber les sentiments d'inadéquation ou la peur d'être un fardeau.

J'aime l'attitude d'Hannah concernant la dépression de son mari : « Ce chaos m'a conduit tout droit vers le Seigneur. Il promet de ne jamais m'abandonner, et de me donner force et direction. C'est par sa seule grâce que je suis ici, cinq ans plus tard. Adoucie, humiliée, plus sage et plus mûre dans ma foi. Je suis maintenant ouverte au plan de Dieu et j'ai mis le mien de côté, en faisant confiance à sa Parole : "L'homme projette de suivre tel chemin, et Dieu dirige ses pas" (Proverbes 16.9). »

Si vous avez tous deux la capacité et l'énergie de parler de vos problèmes ensemble ou avec un conseiller, l'honnêteté peut vous permettre de surmonter de nombreux obstacles.

Hannah affirme que Dieu ôte les couches d'égoïsme, de désobéissance et d'orgueil qui la recouvrent. « Le feu de l'affinage brûle, oui. Son amour est un baume. C'est pour mon bien et, plus important encore, pour sa gloire. »

Elle ajoute : « Je suis reconnaissante pour les rares bons moments passés avec Alan, mais je vais souvent en randonnée, au cinéma ou dans d'autres endroits, seule. Mes amis ont été un cercle de réconfort pour moi, priant et m'écoutant, même si je ne communique pas ouvertement avec ceux qui connaissent peu la dépression. C'est une maladie très difficile à comprendre tant qu'on ne l'a pas vécue. »

Lorsque j'ai demandé à Hannah quels conseils elle donnerait à d'autres femmes confrontées à une épreuve similaire, elle s'est empressée de répondre. « Continuez à persévérer et *priez, priez, priez.* Soyez humble et pardonnez souvent. Même si nous pensons pouvoir nous préparer à une vie commune à plein temps, nous ne pouvons pas connaître complètement les difficultés tant que nous ne les vivons pas. Cette pensée devrait nous inciter à nous appuyer sur notre Père. Il nous guidera. »

Il semble que tous les sujets que nous avons abordés dans ce livre nous amènent à un outil d'adaptation essentiel : la grâce. Ce mot a plusieurs significations. En tant que substantif, il peut signifier :

1. « élégance simple ou raffinement du mouvement » ;
2. « bonne volonté courtoise ».

Utilisé comme verbe, comme dans « elle l'a gratifié de sa bonne humeur », le verbe dérivé signifie « faire honneur ou crédit à (quelqu'un ou quelque chose) par sa présence[1] ».

Nous pouvons utiliser toutes ces définitions lorsque nous sommes confrontés à un défi « dans la maladie ». La « simple élégance », alors que nous trébuchons en apprenant de nouveaux pas sur une musique inconnue, peut sembler inaccessible. Mais l'auteur de la grâce, une grâce étonnante, est un enseignant patient et un donateur parfait. Celui qui a dit à l'apôtre Paul : « Ma grâce te suffit, c'est dans la faiblesse que ma puissance se manifeste pleinement » (2 Corinthiens 12.9) sait ce par quoi vous passez. Lorsque la « bonne volonté courtoise » semble dépasser vos capacités, demandez-lui un peu plus : plus de patience, d'énergie, de joie, d'endurance, de force, d'amour, de bonté, de miséricorde, de grâce, pour vivre un jour de plus. Comme le dit Hannah, appuyez-vous sur lui. Je prie Dieu de

1. Lexico, entrée « grâce », consulté le 17 juin 2021, https://www.lexico.com/en/definition/grace

nous permettre, à vous et à moi, d'« honorer » nos conjoints par notre seule présence.

La partie « maladie » dans la promesse : « dans la maladie et dans la santé » n'est pas moins un engagement que tout autre élément de notre déclaration devant Dieu lors du mariage. Cela signifie-t-il que s'occuper d'un conjoint malade, vieillissant ou blessé va de soi ? Seulement pour quelques-unes. Le reste d'entre nous trouvera que cette période est un moment où l'insistance auprès du Seigneur est la perfusion quotidienne dont nous avons besoin pour que sa force et sa compassion coulent à travers nous.

— Cynthia

CHAPITRE 19

Donnez un laissez-passer à votre CALM[1]

Becky

Votre mari est désemparé.

Non, je ne suis pas en train de dénigrer les hommes. Accordez-moi une minute pour vous expliquer.

Au moment où j'écris ces lignes, j'essaie de descendre de mes grands chevaux sur lesquels je suis juchée depuis une semaine. Tout a commencé le week-end dernier quand nous avons reçu la famille au grand complet pendant trois jours. Avant leur arrivée, j'ai nettoyé la maison de fond en comble. J'ai planifié les menus. J'ai fait les courses. J'ai cuisiné. J'ai mis les draps propres sur les lits et accroché les bonnes serviettes.

Docteur Câlins a tondu la pelouse.

Quand nos enfants sont arrivés, il est allé jouer au golf avec trois de nos fils. Puis il s'est assis. Et il a mangé. Et il a dormi. Il n'a pas cuisiné, n'a pas débarrassé la table, n'a pas lavé les serviettes de la salle de bains des invités, n'a pas interrompu

1. Conjoint À La Maison.

son café matinal pour préparer le petit-déjeuner de sept personnes, n'a pas abandonné sa course quotidienne pour dresser un buffet pour vingt personnes, n'a pas vidé les poubelles et n'a pas transporté la table et les chaises supplémentaires du garage.

Du déjà-vu lors des premières années de notre mariage. Mon ressentiment augmentait à chaque repas préparé et nettoyé par votre servante. À chaque heure qui passait, j'ajoutais à la litanie de ses torts qui défilaient dans ma tête et j'augmentais le volume jusqu'à ce que je n'entende plus que cela : C'était peut-être notre façon de faire quand il était absent plus de trente heures par semaine et que j'étais une mère au foyer, mais cet homme est maintenant à la retraite ! Il a du temps à revendre. Comment peut-on être aussi mufle ? Aussi désinvolte ? Aussi chauvin ? Il est en train de devenir comme son père. Il pense que ce que je fais est un travail de femme et qu'il est bien au-dessus de cela. Dommage que je sois trop vieille pour être pieds nus et enceinte. Quelle bonne petite femme je suis, servant mon homme comme s'il était tout ça et bien plus encore.

Je suis devenue mauvaise.

La propre-justice ne paraît-elle pas formidable ? Suis-je la seule à me révolter contre le martyre ? Dans un chapitre précédent, j'ai dit que je considérais la façon de faire de mon mari comme différente, mais pas mauvaise. Pas dans ce cas. Il avait T-O-R-T.

J'ai tout présenté au Seigneur, en étalant les défauts de mon mari avec la même joie que je mets à dresser une jolie table avec des plats succulents pour nos invités. Parce que, bien sûr, Dieu avait besoin que je lui dise ce qui se passait dans le petit cœur noir de mon mari.

Au quatrième jour, la selle de mes grands chevaux commençait à m'irriter un peu. Par-dessus le vacarme dans ma tête, j'ai entendu une citation d'Oswald Chambers : « Dieu ne nous donne pas le discernement pour que nous puissions critiquer, mais pour que nous puissions intercéder[2]. » Mais je priais !

Quelques heures après le départ de nos enfants, nous sommes allés à un défilé dans une ville voisine et avons rencontré un couple que nous connaissons, mais superficiellement. Deux minutes après avoir rattrapé le temps perdu, la femme s'est tournée vers moi et m'a remercié pour l'atelier sur le mariage que j'avais animé six mois auparavant. « Vos paroles m'ont fait tellement de bien. Tant de pépites de sagesse. Surtout cette parole que vous avez prononcée : “n'attendez pas de votre mari qu'il soit Dieu” ».

Hm…

J'ai souri et l'ai remerciée, je lui ai dit que j'étais heureuse d'entendre que ça l'avait aidée. Et j'ai eu un pincement au cœur. Mais… souhaiter que mon mari se rende compte à quel point j'étais surchargée et qu'il m'aide en mettant la main à la pâte, ce n'était pas attendre de lui qu'il soit Dieu. Ou bien ?

Le sujet de discussion auquel elle faisait référence était qu'il ne fallait pas attendre de nos maris qu'ils lisent dans nos pensées. « Seul Dieu peut le faire », avais-je déclaré à une salle remplie de femmes.

Oui, bien sûr, mais… Mes gémissements se sont amplifiés. Il aurait dû savoir ce dont j'avais besoin ! C'est de la simple courtoisie. Pas besoin d'être devin pour savoir que la charge de travail doit être partagée.

Une petite voix a murmuré : « Tu aurais pu demander. »

Grrr. Oui, j'aurais pu. Bien sûr, il aurait fait tout ce que je demandais sans se plaindre. « Mais la question n'est pas là ! », a répondu mon orgueil. La lutte a continué pendant des jours alors que j'ignorais tout ce que je savais et que j'avais même

---

2. Oswald Chambers, « The Distraction of Contempt », My Utmost for His Highest, consulté le 17 juin 2021, https://utmost.org/the-distraction-of-contempt/

enseigné sur le pardon et ne pas laisser le soleil se coucher sur notre colère.

« Donne-lui un laissez-passer. » Ces mots, prononcés des années auparavant par une chère amie, ont commencé à s'infiltrer en moi lors des pauses pour respirer entre mes colères. Cathy avait raconté comment ces quatre mots avaient transformé son mariage. Que son mari, sciemment ou non, ne réponde pas à ses attentes, elle choisissait de lui donner un laissez-passer pour sortir de la prison de son ressentiment… et les libérer tous les deux.

Finalement, à contrecœur, j'ai commencé le processus moi-même. Ce n'était pas une solution miracle. Bien que votre expérience puisse être différente de la mienne, voici quelques étapes pour lui donner un laissez-passer qui pourraient vous aider aussi :

- *Priez.* D'abord. Toujours. Demandez à Dieu de vous aider à voir les péchés d'omission ou de commission de votre mari avec les yeux de Dieu, de vous donner la compréhension, l'empathie, la compassion, le pardon. Demandez-lui de vous montrer votre part dans ce qui vous irrite.
- *M&M's.* Le chocolat facilite à peu près tout. Achetez un sac d'une livre, puis utilisez ces M&M's pour vous donner une image plus claire. Essayez de penser objectivement au motif de votre conjoint et à votre humeur du moment. Dans mon cas, je me suis rendu compte que le Docteur Câlins était simplement concentré sur d'autres choses : passer du temps avec les enfants et les petits-enfants, par exemple. (Le scénario de Marie et Marthe [un autre M&M !] me vient à l'esprit.) Aurait-il dû se lever pour m'aider ? Probablement. M'a-t-il délibérément ignoré ? Non. Il n'avait pas de motifs de vengeance et n'avait pas de vues antérieures au XXIe siècle sur la place de la femme au foyer. Mon humeur ? J'étais

éreintée. C'était la première fois que nous avions de la famille en visite depuis des mois. Je n'avais pas fait de grand nettoyage depuis Noël. Je voulais que tout soit parfait. J'étais la moitié d'une dispute conjugale qui attendait de se produire.

- *N'attendez pas de votre mari qu'il soit Dieu.* Les statistiques peuvent montrer que les mariages s'effondrent principalement à cause de problèmes financiers ou sexuels, mais je crois fermement que ce point est au cœur de la majorité des conflits conjugaux. Nous avons des attentes, et nous voulons que nos conjoints nous aiment suffisamment pour les connaître. Le problème est que nos cerveaux finis ne sont pas équipés de ce genre de perception extrasensorielle. En somme : Si vous voulez quelque chose, demandez-le. Avec gentillesse, bien sûr. J'aurais pu m'épargner une semaine de dents serrées si j'avais simplement dit : « Quand tu auras une minute, pourrais-tu m'aider à… ? »

Chez moi, la plupart de nos « problèmes » surviennent parce que je crois savoir ce que pense mon mari. C'est pourtant rarement le cas.

Dans la plupart des cas, la communication est la clé de résolution des problèmes. Chez moi, la plupart de nos « problèmes » surviennent parce que je crois savoir ce que pense mon mari. C'est pourtant rarement le cas. Il est si facile de mal interpréter une expression faciale ou de lire des extraits dans un simple commentaire. Parler à Dieu, puis à votre homme, est toujours un bon point de départ. Si, après avoir fait cela, vous discernez une véritable mauvaise volonté, il est temps de demander un conseil avisé. Pour les heurts quotidiens causés par des attentes irréalistes ou des suppositions erronées, une discussion à cœur ouvert peut généralement donner à une relation le coup de fouet nécessaire.

Un autre conseil consiste à repenser aux fois où vous avez été pardonnée par un Sauveur indulgent et toujours patient. En aimant comme Dieu aime, nous donnerons à notre CALM un laissez-passer pour cette remarque désobligeante, et un autre pour avoir oublié de mettre le lave-vaisselle en marche, et un autre pour avoir laissé une serviette humide sur le sol, et un autre pour avoir oublié ce que nous avons dit il y a trois minutes…

> À partir du moment où l'on ferme la communication à propos de ce dont on a besoin, le ressentiment s'envenime dès lors qu'on partage le même espace.
>
> — Brené Brown, auteur à succès de *Daring Greatly* et *The Gifts of Imperfection*[3]

Nous pardonnerons généreusement et modèlerons nos pardons sur ceux que Dieu nous a accordés.

Je dois ajouter un Post Scriptum ici. Quelques semaines après que ma colère s'est calmée, nous sommes allés camper avec des amis. Mon mari a chargé les kayaks dans la camionnette ; il a attaché nos vélos sur leurs supports ; il a accroché la caravane au camion ; il a conduit pendant deux heures et demie ; il nous a conduits à notre emplacement ; il a décroché la caravane ; il a abaissé les vérins ; il a mis la caravane à niveau ; il a branché l'eau, l'électricité et l'égout ; il a installé nos chaises ; il a sorti l'auvent ; et il a fait les grillades. Et ce n'était que le premier jour. Moi ? Je me suis assoupie en chemin et j'ai fait une salade pour le dîner. Merci pour le laissez-passer, chéri.

3. Brené Brown, « Why Discomfort and Vulnerability Are Important », CBS This Morning, 30 mars 2020, https://www.youtube.com/watch?v=NjmzYAKdCrY

~ *Cynthia* ~

La plupart des maris et des femmes voient, entendent, goûtent et ressentent les choses différemment. Après toutes ces années de mariage, je comprends enfin l'une des raisons pour lesquelles mon mari doit me demander deux fois à quoi je fais référence… même si je le lui montre du doigt.

« Supermari, tu veux bien mettre cette boîte là-bas ?

— Où ?

— L'endroit que je montre du doigt.

— Quel endroit ?

— Celui-là », dis-je, en montrant plus fort, parce que c'est une chose.

C'est arrivé cette semaine. Nous étions tous les deux penchés sur nos parquets en bois dur, en train de remplacer des lames endommagées. Il m'a demandé où était son marteau.

« — Juste ici.

— Où ? Il a regardé autour de la pièce, en faisant pivoter sa tête.

— Là ! Ici. Je te le tends, c'est pourquoi j'ai dit "ici". » Certains disent que le sarcasme est mon don spirituel. En fait, personne ne le dit ouvertement, mais les gens le pensent probablement.

Pourquoi ne pouvait-il pas voir… ?

Oh.

La visière de son casque de protection lui cachait la vue.

Sur presque chaque point de discorde, de déception ou de malentendu dans le mariage, nous avons l'occasion de réécrire la phrase, le contenu émotionnel, le récit et la fin.

Parfois, c'est aussi simple (note : simple, pas nécessairement facile) que de remplacer les réponses traditionnelles par une formulation plus saine.

Nos mots peuvent s'abîmer, s'effilocher, s'user, comme tout ce qui est utilisé fréquemment. Mais combien de fois estimons-nous que les mots doivent être remplacés par des options meilleures, plus efficaces et plus agréables pour l'âme ?

« Pourquoi n'as-tu jamais… ? » se transforme en « J'aimerais comprendre pourquoi… »

« C'est une idée stupide » devient « Dis-moi pourquoi tu agis ainsi ».

« Tu ne m'apportes plus de fleurs ? » se transforme en « Je suis si heureuse quand tu m'apportes des fleurs sans autre raison que ton amour pour moi. »

« Voici ce qu'il faut faire » se transforme en « As-tu déjà envisagé de… ? »

« Ça n'ira pas » se transforme en « Puis-je t'aider d'une manière ou d'une autre ? »

« Tu es sur mon chemin » se remplace par « Excuse-moi, mon amour. »

Et « pour une fois je souhaite que … » devient un silence.

Comment ?

Je crois que Dieu m'invitait à transformer ma colère en prière… puis à laisser cette prière entre ses mains et à voir ce qui allait se passer.

Il y a des années, j'étais en train de concevoir une phrase digne du prix Pulitzer du genre : « J'aimerais que, pour une fois dans ta vie… » quand j'ai entendu des voix. Plutôt, une voix. Une voix avec un V majuscule. Au fond de mon esprit, j'ai senti que Dieu me poussait à aller de l'avant et à dire ce que j'étais sur le point de dire, mais en prière. Pas à haute voix devant mon mari ou dans un grognement trop bas pour qu'il l'entende, mais remodelé en une prière. Je crois que Dieu m'invitait à transformer ma colère en prière… puis à laisser cette prière entre ses mains et à voir ce qui allait se passer.

C'est ce que j'ai fait. Chaque fois que j'ai ressenti le besoin de me plaindre de quelque chose que mon mari a fait ou n'a pas fait, ou de la façon dont il a blessé mes sentiments, ou de m'abaisser à mendier ce dont, à sa connaissance probable, nous avions besoin ou j'avais besoin, je me suis tue et, dans mon esprit, je me suis éclipsée pour le convertir en prière.

« Seigneur, Supermari ne comprend pas que cela signifierait beaucoup pour moi si, lorsque je reviens d'une conférence, il m'accueillait à la porte, soucieux de voir si j'ai besoin d'aide pour rentrer mes bagages. Je le lui ai déjà fait remarquer, sans réaction de sa part. Pourrais-tu, s'il te plaît, le graver dans son cœur sans que j'aie à dire un mot ? Et si ce n'est pas le cas, alors rends-moi moins susceptible sur cette question. Amen. » Dieu a répondu aux deux prières. Il m'a rendue moins sensible à ce sujet et a poussé mon mari, de sa propre initiative (ou du moins c'est ce qu'il a dû penser), à m'accueillir par un baiser et à m'aider à porter mes bagages.

Une coïncidence ? J'ai cessé de croire aux coïncidences depuis longtemps. Lorsque des paroles remontaient à la surface à cause d'irritations, majeures ou mineures, je me suis efforcée de développer l'habitude de ne pas les laisser s'échapper mais plutôt de les « dire dans la prière ». Très vite, je n'arrivais plus à suivre le flot des réponses. Je me suis émerveillée de voir combien il était plus efficace de le dire à Jésus que de le dire à mon mari.

Je me suis retrouvée à prier pour la blessure de mon mari qui était au cœur des paroles qui m'avaient blessée, ou à prier pour qu'il rentre du travail avec de l'énergie à revendre, et non pour que Dieu le frappe en lui donnant l'ordre de tondre la pelouse.

Consciente que Dieu entendait les paroles que je lui adressais à lui plutôt qu'à mon mari, j'ai choisi des mots plus gentils, une approche plus douce et des idées désintéressées. Et cela m'a poussée à faire le même choix avec ce que je disais directement à mon mari.

La grâce est une forme d'art. Considérez comment sa beauté peut améliorer l'atmosphère de votre maison :

- Quelle est la petite grâce que vous pouvez accorder à votre conjoint aujourd'hui, qu'il la mérite ou non ?
- Quelle est la grande mesure de grâce dont vous pouvez faire preuve sur un sujet qui vous irrite depuis longtemps ?
- Y a-t-il des expressions faciales, un langage corporel ou des mots incendiaires auxquels vous êtes prête à renoncer pour que la grâce règne dans votre foyer ?
- De quelle manière vos manques d'assurance vous rendent-elles moins désireuse de pardonner ou de faire preuve de compassion envers les autres ? Pourquoi pensez-vous que nous excusons notre propre refus de pardonner à cause des blessures de notre passé ?
- Si vous pouviez éliminer le facteur épuisement, les déceptions passées et un emploi du temps trop chargé, dans quelle mesure serait-il plus facile pour vous de faire grâce ? Quelles mesures pratiques pouvez-vous alors prendre pour ne pas laisser l'épuisement, les déceptions passées et un emploi du temps trop chargé prendre le dessus dans votre foyer ?
- Êtes-vous prête à traiter les offenses non pas comme la dernière goutte d'eau mais comme la première goutte d'eau d'une nouvelle source ?

Il est écrit dans Michée 6.8 (*NEG*) :

> On te l'a enseigné, ô homme, ce qui est bien et ce que l'Éternel attend de toi : c'est que tu te conduises avec droiture, que tu prennes plaisir à la bonté et que tu vives dans l'humilité avec ton Dieu.

Aimer la miséricorde. Aimer appliquer la miséricorde. Opter pour la miséricorde. Faire de la miséricorde notre option par défaut.

Malheureusement, à la limite du tragique, nous ne nous contentons pas de perdre notre tour de taille en vieillissant et en voyant nos mariages compter les années. Nous laissons aussi nos capacités de communication s'amenuiser. Et lorsque nous nous voyons beaucoup, par exemple 24 heures sur 24, 7 jours sur 7, la courtoisie commune semble soudain être une colline trop raide à gravir.

J'ai lu récemment un article sur un groupe réel de garçons tongans, naufragés en 1965 comme ceux de Sa Majesté des mouches, et abandonnés sur une île déserte pendant plus d'un an[4]. Contrairement aux personnages de William Golding dans le roman de 1954 (qui se sont ligués les uns contre les autres, se sont balafrés intellectuellement et émotionnellement, et ont fini par se détruire les uns les autres), les garçons tongans ont tiré le meilleur parti de leur situation difficile, se sont montrés miséricordieux et indulgents, se sont appuyés sur leur foi et se sont regroupés pour construire et maintenir des relations solides. C'est le secret de leur survie dans un environnement dur et impitoyable.

Je ne dis pas que le fait de travailler à la maison ou d'être tout le temps à la maison avec son conjoint pourrait se transformer en un scénario du genre de *Sa Majesté des mouches*[5], mais…

Comme je l'ai mentionné dans un chapitre précédent, il y a quelques années, j'ai pré-pardonné à mon mari toutes les offenses qu'il pourrait commettre dans notre futur ensemble. Je ne me souviens pas toujours que j'ai pardonné à l'avance. Mais Dieu a sa façon de me rafraîchir la mémoire.

4. Jesse Mulligan, « The True Story of Six Tongan Teenage Castaways in 1965 », RNZ, 15 mai 2020, https://www.rnz.co.nz/national/programmes/afternoons/audio/2018746636/the-true-story-of-six-tongan-teenage-castaways-in-1965
5. William Golding, *Sa Majesté des mouches*, Belin/Gallimard, 2008.

Ce n'est pas moi qui ai inventé cette idée. C'est Jésus qui l'a inventée. Il m'a pardonné à l'avance par le biais de son alliance avec moi, conçue par Dieu. Ce n'était pas une monnaie d'échange. Je n'avais rien d'autre à offrir qu'une longue liste d'erreurs, de péchés, de fautes et de regrets. Quand je lui ai demandé de me pardonner, il l'a fait, et il y a inclus toutes les offenses que je pourrais commettre à l'avenir (voir 1 Jean 1.9).

Une grande partie de la navigation dans le mariage consiste simplement à mettre en œuvre ce que Jésus a modélisé. Si Jésus aborde ma relation avec lui sur le mode : « Je t'ai déjà pardonné l'impatience de mardi prochain et le fait de sortir de tes gonds qui se produira dans une semaine », n'est-ce pas le modèle qu'il voudrait que j'imite à l'égard mon conjoint dans la maison ?

Si je donne à mon CALM un laissez-passer pour l'insensibilité dont il a fait preuve il y a dix minutes et pour la répétition de cette insensibilité la prochaine fois que nous voudrons tous les deux nous doucher en premier, je ne fais rien de magnanime qui pourrait me permettre de devenir l'épouse de l'année. Comme un musicien qui reprend la chanson célèbre d'un autre groupe, je chante ce que Jésus a composé et rendu célèbre.

Lors de nos échanges avec des milliers de couples au cours des quatre dernières années, nous avons constaté qu'il suffit qu'un ingrédient manque pour qu'un mariage s'expose à des difficultés : la grâce...
Quand la grâce fait défaut dans un mariage, trois mots dominent la relation conjugale : Tu. Me. Dois...
Tant de couples essaient de corriger leur comportement ou de changer leurs modes de communication, mais sans la grâce, ces changements sont temporaires et épuisants. La grâce est le point de départ à partir duquel tout changement s'opère.

— Justin et Trisha Davis, fondateurs de RefineUs Ministries et auteurs de *Beyond Ordinary. When a Good Marriage Just Isn't Good Enough*[6]

6. Justin et Trisha Davis, « One Thing That Changes Every Marriage », RefineUs (blog), RefineUs Ministries, 2 décembre 2013, http://refineus.org/one-missing-ingredient/

CHAPITRE 20

Prolonger l'histoire d'amour

Becky

Chaque fois que je vois un couple voûté aux cheveux blancs se promener main dans la main, je me dis : « Oh, ils sont si mignons ensemble ! J'espère que nous serons comme eux un jour. » En disant cela, j'espère vraiment, sincèrement, que nous serons encore là, tous les deux, à 90 ans, encore à nous tenir par la main.

J'ai envie de courir demander à ces vétérans du mariage de révéler leurs secrets du bonheur. Il est probable qu'ils sont ensemble à la maison 24 heures sur 24 et 7 jours sur 7 depuis des années, voire des décennies. Mais visiblement, ils s'aiment encore.

J'ai envie de leur demander : « Ne vous tapez-vous jamais sur les nerfs l'un l'autre ? Cela vous arrive-t-il encore ? Comment résolvez-vous les conflits ? Parvenez-vous à des compromis ou l'un de vous cède-t-il tout le temps ? Comment vous mettez-vous au service l'un de l'autre ? Êtes-vous encore amoureux d'un de l'autre ? Quels conseils pourriez-vous me donner qui amélioreraient mon mariage ? »

J'ai cliqué sur Google « Conseils sur le mariage de couples mariés depuis plus de cinquante ans » et j'ai même trouvé un article qui énumérait les conseils de bonheur donnés par des centenaires qui étaient ensemble depuis quatre-vingts ans ou plus. La phrase que j'ai utilisée à la fin du chapitre 17 englobe presque tous les sages conseils : « Ce sont les petites choses accomplies qui nous font vivre en harmonie les uns avec les autres. »

La façon dont je choisis de penser, de ressentir ou de réagir à ce moment précis peut déterminer le déroulement du reste de la journée. Les décisions remplissent les jours et les jours deviennent des années.

Des petites choses. Patience, communication, grâce, affection. Chaque mariage est fait de moments, et ces moments sont remplis de choix. La façon dont je choisis de penser, de ressentir ou de réagir à ce moment précis peut déterminer le déroulement du reste de la journée. Les décisions remplissent les jours et les jours deviennent des années.

Imaginez un sablier retourné au moment où nous avons dit « Oui ». Nous n'avons aucun contrôle sur la vitesse d'écoulement des grains de sable, mais supposons que nous pouvons contrôler leur couleur.

Chaque grain représente un moment de votre vie de couple. La colère, l'amertume, le sarcasme, les attentes irréalistes, le harcèlement, l'égoïsme, la critique, la comparaison, l'envie et le manque de respect noircissent les grains de sable. L'admiration, l'appréciation, les sourires, le toucher affectueux, les mots d'amour et les paroles valorisantes, les services rendus, le pardon, la grâce, la joie et la gratitude recouvrent les grains de couleurs irisées.

Et si chacun de nous avait un sablier au milieu de la table de la cuisine, à la vue de tous ceux qui entrent chez nous ? À quoi ressemblerait votre centre de table ? Le fond du mien serait couvert de couleurs vives d'œufs de Pâques. Certaines des couches intermédiaires seraient tachetées de beaucoup plus de noir que je ne voudrais en voir. Mais les grains qui sont en train de s'écouler, en partie grâce à l'introspection nécessaire à l'écriture de ce livre, sont en fait plutôt jolis. Tout cela parce que je fais de meilleurs choix. Pas faciles ou parfaits, mais meilleurs.

Alors, à quoi ressemble une journée dans la vie d'un couple presque heureux, ensemble à la maison et tout le temps ? Quels sont les moments et les choix qui remplissent leur journée ? Ils pourraient ressembler à ce qui suit. (Ne levez pas les mains en signe de désespoir à la moitié du texte. S'il vous plaît, écoutez-moi.)

- Prier pour votre homme avant de sortir du lit : « Seigneur, comment puis-je le rendre heureux aujourd'hui ? »
- Se brosser les dents et se coiffer avant le baiser matinal. Faire durer ce baiser juste un peu.
- Se blottir sur le canapé et discuter des projets de la journée autour d'un café.
- Décider d'offrir votre approbation lorsqu'il dit qu'il préfère aller jouer au golf avec ses amis plutôt que de nettoyer la cave avec vous.
- Lire un livre de dévotion quotidien et prier ensemble.
- Choisir un beau T-shirt plutôt que le T-shirt confortable avec un trou dans l'épaule.
- Mettre une touche de couleur sur votre visage même si « personne » ne vous verra aujourd'hui.
- Vous asseoir l'un en face de l'autre dans votre bureau à domicile, puis laisser volontiers votre travail à moitié terminé à 10 heures pour qu'il puisse avoir la pièce pour son appel par Zoom.
- Demander à une amie de se joindre à vous pour prendre un café au lieu de nettoyer le sous-sol toute seule dans un état d'irritation.

- Accepter, ou suggérer, un long déjeuner ensemble… parce que le choix du bonheur plutôt que celui du ressentiment permet de conserver la lueur du baiser matinal.

J'ai promis de revenir au renouveau (*renewed*) prononcé « *re-nude* », « re-nue », par mon téléphone pas très intelligent. Beaucoup d'entre nous luttent contre l'image du corps, et notre manque de confiance se répercute sur nos sentiments à l'égard de l'intimité physique. Il y a des années, le Docteur Câlins a dit quelque chose qui m'a ouvert les yeux sur la façon dont la négativité de mon corps l'affectait : « Tu es la seule femme que je verrai nue pendant toute ma vie. Comme le dit la chanson, tu es pour moi "chaque femme au monde". » Ça m'a fait mal. C'est *ce que* je suis pour lui. J'ai un rôle à jouer pour l'aider à protéger son cœur, son esprit et ses yeux. Ai-je banni toute conscience de moi ? Non. Mais c'est un objectif que je m'efforce d'atteindre. Je veux offrir à mon mari tout mon être pour colorer un peu le sable de mon sablier. — Becky

- Préparer le souper ensemble tout en rattrapant le temps perdu.
- Souper à la lueur de chandelles.
- Se promener… main dans la main, avec l'espoir de pouvoir encore le faire dans quelques décennies.
- Jouer à un jeu de société et ne pas bouder s'il gagne.
- Partager un bol de pop-corn pendant un film. Action et aventure ce soir, comédie romantique demain. Dire oui à sa préférence pour un peu plus de beurre, décider que votre régime peut reprendre demain.

- Se blottir dans le lit et se dire ce que chacun apprécie chez l'autre avant de s'embrasser longuement et d'éteindre la lumière.
- Remercier Dieu pour cet homme qu'il vous a donné, alors que vous sombrez dans le sommeil.

Vous me suivez ?

Irréaliste ? Tout à fait.

Le Docteur Câlins et moi avons-nous déjà connu une seule journée avec autant d'amour et de sympathie ? Non, jamais.

Et pourtant…

Si je choisis de rendre heureux au lieu de malheureux, le pardon au lieu de l'amertume, l'oubli au lieu de ressasser le passé, si je demande à Dieu, à chaque instant, de m'aider à choisir le chemin de la grâce, ces sentiments chaleureux rempliront bon nombre de nos journées, et surtout, notre vie et notre amour seront comblés.

Alors quelles petites choses pouvez-vous entreprendre aujourd'hui ? Allumer une bougie au dîner ? Accomplir une de ses tâches pénibles avant même qu'il ne s'y attelle ? Acheter son casse-croûte préféré ? Lui dire qu'il est formidable ?

Parfois, surtout dans les mauvais jours, un simple « merci » est tout ce que nous pouvons prononcer. Mais le sourire qui répond à ce mot peut empêcher une descente en piqué. Parfois, ne rien dire est la meilleure « petite chose ». Au moment où j'écris cela, nous partageons 24 mètres carrés de caravane. Il vient d'allumer la télé. Pendant que j'écris. À deux mètres de moi. Je sens le *grrr* monter lentement dans ma gorge, mais je le combats.

Choisis la grâce. Choisis la grâce. Choisir la grâce.

Ces mots prennent vie un peu plus vite ces jours-ci. Je souris. Et j'attrape les bouchons d'oreille jaunes trapus. Une fois de plus, une décision dictée par la grâce a sauvé mon humeur et l'instant.

Quelle petite chose pouvez-vous faire pour rendre cette journée mémorable… en bien ?

Tout comme un bébé ne vient pas avec un manuel d'utilisation, un conjoint non plus. Les conjoints, tout comme les enfants, sont des créatures incroyablement complexes, et chacun d'entre eux est différent (et change constamment, pour rendre la tâche un peu plus difficile).
Essayer de naviguer et de plaire à un esprit à orientation « œstrogène » en ayant soi-même un esprit orienté « testostérone » est une gageure, c'est le moins qu'on puisse dire, et c'est pratiquement impossible dans le monde réel. Je n'ai pour l'instant aucune idée de ce qui se passe dans l'esprit de cette femme (peut-être que je ne veux pas le savoir non plus), mais son bonheur est l'une de mes plus grandes priorités dans la vie, alors presque tout ce que je fais est orienté vers cet objectif. — Docteur Câlins

Mon amie Debbie témoigne : « Mon mari n'aime pas célébrer les anniversaires. Il estime que chaque jour devrait se terminer en soirée en amoureux. Avant que nous commencions à sortir ensemble, je pensais qu'un rendez-vous "galant" devait prendre la forme d'un dîner ou d'une sortie au cinéma. Il m'a fait changer d'avis et m'a montré qu'un jeu de société à la maison ou la préparation d'une nouvelle recette pouvait être tout aussi amusants. Cet état d'esprit nous permet de passer plus facilement du temps ensemble à la maison. Lorsqu'il fait beau, nous préparons un panier pique-nique rempli de nourriture (certains jours, nous avons des hot-dogs, d'autres des steaks et des crevettes) et nous sortons sur notre patio. Mon mari allume le foyer pendant que je dresse la table. Nous regardons le coucher de soleil, nous parlons de notre journée et nous partageons un repas agréable. »

Debbie ajoute : « En discutant avec des amis, l'un d'eux a dit : "C'est beau d'aimer vraiment la personne avec qui on est marié. Nous avons de la chance." C'est tellement vrai. Ces mots, ainsi que le même populaire : "Je t'aime plus qu'hier… Hier, tu m'as tapé sur les nerfs", ont été mes rappels les plus fréquents alors que nous nous embarquions dans les aventures de la vie commune. »

N'aimez-vous pas ce même ? Hier, tu m'as énervé, mais aujourd'hui est un nouveau jour et je choisis de t'aimer davantage. Quelle façon pleine de grâce de commencer une journée… ou le reste de votre vie conjugale.

Cynthia

Une histoire d'amour dans un livre tire à sa conclusion mais jamais vraiment à sa « fin ». Les personnages continuent de vivre dans notre imagination après la dernière page. Mais tout bon romancier sait que l'histoire doit laisser le lecteur sur une note *significative*. Et le *significatif* rend l'histoire *mémorable*.

Lorsque les deux conjoints sont à la maison en permanence, l'apprentissage des nouveaux pas de danse d'une vie commune 24 heures sur 24 et 7 jours sur 7 n'est pas la fin de leur histoire. Ils créent de nouveaux chapitres avec chaque expérience de vie, chaque défi, chaque crise, chaque plongeon et chaque baiser.

Mon petit-fils de vingt ans a récemment présenté mon mari et moi à un ami en disant : « Ils vivent la plus belle histoire d'amour. » Notre présentation préférée. Il ne s'agissait pas d'une énième explication de ce que nous faisions chacun pour gagner notre vie, ou de nos dons individuels, ou de ce que nous avons accompli de la manière conforme à ce que la culture attend normalement. C'était mieux que ça. Notre petit-fils était fier de l'histoire d'amour de ses grands-parents, aussi imparfaite soit-elle.

Quelles que soient les intrigues secondaires qui aveuglent un couple, quels que soient les méchants qui ont fait de leur mieux pour interrompre ses efforts, quelles que soient les erreurs que nous avons commises ou les regrets que nous nourrissons, notre histoire d'amour n'est pas encore terminée.

Quel chapitre écrivez-vous maintenant que vous passez le plus clair de votre temps ensemble à la maison ? Cela vous réconforte-t-il, comme nous, de savoir que vous pouvez embellir la fin, dès maintenant ?

La présence de notre conjoint ne fait pas nécessairement obstacle à notre style et ne réduit pas forcément notre zone de sécurité. Elle peut au contraire élargir notre capacité à la grâce, à la gentillesse, à la compagnie et à la croissance.

Nous pouvons modifier le dialogue et le récit de nos histoires d'amour afin qu'elles ne s'effondrent pas en cas de crise, qu'elles ne se dissolvent pas au cours d'un dilemme, qu'elles ne s'évanouissent pas, qu'elles ne fassent pas de vagues ou qu'elles ne s'écroulent pas. Nous pouvons rejeter l'intrigue secondaire de la simple tolérance, du sens du martyre ou du désappointement silencieux mais croissant. À vrai dire, nous n'avons pas vraiment le pouvoir d'effectuer un tel changement. Mais nous avons accès à Celui qui le fait.

Dieu est dans le domaine de la transformation. Lorsque nous avons l'impression que les murs se referment, même dans un bon mariage, sain et solide, il peut nous conduire « au large » (Psaumes 18.20, *Segond 21*). Ce lieu peut ne pas être physique, comme un salon, une salle à manger ou une cuisine ouverte, mais plutôt interne.

Lorsque nous confions notre relation au Dieu des grands espaces, il élargit l'espace pour le « nous » de « Nous Sommes À La Maison Tout Le Temps ». La présence de notre conjoint ne fait pas nécessairement obstacle à notre style et ne réduit pas forcément notre zone de sécurité. Elle peut au contraire élargir notre capacité à la grâce, à la gentillesse, à la compagnie et à la croissance.

Et à l'humour. Il y a une heure, Supermari et moi avons eu une de ces collisions de mots qui étaient censées être une conversation. C'est comme si nous parlions deux langues différentes, que nous oubliions les phrases de l'autre dès qu'elles étaient prononcées, et que chaque ajout d'un nouveau mot rendait l'enchevêtrement plus compliqué. Certes, il s'agissait de finances, mais le problème n'est pas là.

Nous devions nous rappeler l'un à l'autre que nous étions du même côté de cette chose appelée la vie. Finalement, nous avons trouvé le premier nœud et l'avons démêlé. Puis le suivant. Résolution. Il y a bien longtemps, quand nous étions immatures, comme il y a six mois, nous aurions pu nous accrocher au souvenir de l'embrouille plutôt qu'à l'émerveillement de la résolution.

Une heure plus tard. Je lui ai apporté des myrtilles fraîchement cueillies dans le jardin. Il m'a félicitée pour une tâche que j'avais accomplie plus tôt dans la journée. Je lui ai demandé s'il avait besoin de quelque chose. Il m'a raconté une histoire drôle qu'il ne m'avait encore jamais racontée. Et nous avons ri ensemble. Les murs de notre maison résonnaient de nos rires communs. Un doux son.

Chaque jour, j'ai le choix : construire notre relation mot après mot, réaction après réaction, réponse après réponse, ou la démolir. Je peux opter pour le ressentiment ou pour la grâce. Je peux régler ma réaction sur « pré-pardonner » ou sur « garder rancune. » (Ce bouton est un aimant pour les empreintes digitales disgracieuses, juste pour que vous le sachiez.)

Que notre période de vie commune soit longue ou trop courte, la façon dont elle sera perçue par les autres et le souvenir que nous en garderons dépendent des choix que nous ferons parmi les quatre-vingt mille milliards de possibilités. Nous avions décidé « Je le fais ». Maintenant, nous décidons tous les jours « Je veux le faire ».

> C'est à cette étape de la vie que les circonstances environnantes renforcent l'amour et l'appréciation dans votre mariage. Lorsque vos enfants, leurs amis et même vos petits-enfants se marient, leurs relations vous rappellent tout l'amour que Dieu a déversé dans votre mariage au fil des ans. Puis, lorsque des amis commencent à perdre leur conjoint, et que les funérailles et la lecture des nécrologies deviennent des activités mensuelles ou hebdomadaires, nos cœurs apprécient chaque jour, chaque heure, chaque moment passé ensemble comme étant de plus en plus précieux. — Pam Farrel, conférencière et autrice[1]

Je vais saisir les occasions de l'encourager.

Je lui donnerai de l'espace pour respirer sans créer de distance.

Je laisserai le rire être le son que nos murs, ainsi que nos voisins et connaissances, entendent dans cette maison.

Je ferai en sorte que mon amour pour mon conjoint soit évident.

Je me donnerai la permission de créer et de protéger l'espace dont j'ai besoin, pour le bien de notre relation. Je continuerai à progresser dans ma compréhension de la manière dont la Parole de Dieu s'applique à cette période de notre mariage.

Je laisserai l'amour l'emporter sur chaque dispute.

Je pratiquerai la gentillesse jusqu'à ce qu'elle devienne automatique.

Je donnerai un laissez-passer à mon conjoint à la maison (CALM). Et puis un autre. Une vie entière de laissez-passer.

1. Bill et Pam Farrel, *A Couple's Journey with God*, Harvest House Publishers, 2012.

Je vais considérer cette période comme un membre du Club « *Nous Sommes* à la Maison Tout Le Temps » plutôt que du Club « *Il Est* à la Maison Tout Le Temps ».

Et je vais chérir les moments qui, un jour, ne seront peut-être plus que des souvenirs.

Par la grâce de Dieu, chacun d'entre nous a la capacité de réécrire la narration de notre foyer au fil des périodes et de la douce fin de nos histoires d'amour. Il n'est jamais trop tard pour commencer ce processus d'édition. On ne peut pas donner la permission à une période de chômage, de soins, de retraite ou de confinement à la maison de perturber notre relation de manière négative. Nous pouvons cependant inviter à un changement positif et déterminer que, même si nous apprenons les pas de danse pour éviter de trébucher l'un sur l'autre lorsque nous serons ensemble à la maison tout le temps, cette étape maladroite de mise au point ne sera pas la fin de notre histoire.

Ce n'est pas ainsi que notre histoire se termine[2]

Le regard dans tes yeux quand je te dis que je t'aime,
Après toutes les fois où les mots étaient si durs,
La chaleur de ta main sur le pouls de notre histoire,
Les kilomètres défilent, et ils nous emmènent loin.
Loin de l'endroit où notre voyage a commencé,
Loin du moment où notre amour a déraillé,
Enveloppés dans la grâce d'un Amour indéniable,
Les kilomètres défilent, et ils nous emmènent loin.
Si je pouvais effacer toutes les larmes que je t'ai causées,
Si tu pouvais oublier toutes les larmes que j'ai versées,
Si tout ce que nous avons dit et tout ce que nous n'avons pas dit
pouvait s'effacer dans des souvenirs
que nous ne retrouverions plus,
Le chemin que nous avons pris,
celui que nous continuons à parcourir,
Les kilomètres, raides ou faciles, devant nous maintenant,
Nous diraient que le voyage de l'amour
vaut la peine d'être entrepris.
Nous sommes allés si loin, mais nous avons encore
tellement de chemin à parcourir.
Avec le vent dans le dos, ou contre lui nous nous penchons,
Quand les routes nous mènent plus haut,
ou que la vie tourne et se courbe,
Je te promets et j'espère, mon amour,
que bien qu'entaché, regretté,
Ce n'est pas ainsi que notre histoire se termine.
Non, ce n'est pas ainsi que notre histoire se termine.

(Cynthia Ruchti)

2. Publié à l'origine dans Cynthia Ruchti, *Miles from Where We Started*, Wheaton, Gilead, 2018. On peut trouver la version enregistrée, avec le chant d'Aaron Herman, la guitare de Chet Stevens, le mastering d'Eric Wolf, de Wolf Mastering et le mixage de Sal Salvador, sur https://www.cynthiaruchti.com/miles-from-where-we-started-songs/

Remerciements

Par-dessus tout, nous remercions Celui qui a créé l'homme, la femme et le mariage. Il nous a donné des hommes extraordinaires, nos CALM (Conjoints À La Maison), et a ordonné notre statut de NSALMTLT (Nous Sommes À La Maison Tout Le Temps) et continue à nous enseigner la grâce, l'amour, la miséricorde et la patience.

Nous sommes toutes deux reconnaissantes à notre agent, Wendy Lawton, et à Books & Such Literary Management d'avoir discerné la valeur de ce projet, ainsi qu'à Kregel Publications et à la vision de son équipe. Merci de l'avoir mené à bon terme et de nous avoir fait bénéficier de votre gentillesse et de votre expérience.

Cynthia

Dans l'envergure de mes ailes se trouvent des amis, des membres de ma famille et des collègues écrivains qui m'inspirent chaque jour. Si vous regardez bien, vous verrez entre les lignes de ce livre les empreintes digitales de ceux qui ont porté chaque mot dans la prière.

Mes frères et sœurs et leurs conjoints vivent le concept de l'amour divin dans leurs mariages comblés de grâce. Merci de servir de modèle pour les générations futures.

Becky, ce fut une joie de coécrire avec toi. Recommençons bientôt ! Mais bien plus encore, je te remercie d'être l'une de ces amies qui font de moi une meilleure femme, une meilleure épouse et une meilleure disciple de Jésus.

Becky

Merci à mes fils et à leurs épouses pour leur soutien et leurs encouragements, et pour avoir fourni d'excellents exemples de relations intentionnelles pour ce livre. Scott et Kristen, Jeff et Holly, Aaron et Adrianne, Mark et Brittany, j'ai tellement appris de la façon dont vous aimez vos conjoints.

Je suis si reconnaissante envers les amis qui ont enrichi d'anecdotes ce livre, se sont intéressées à l'avancement de ce projet, et déposé *Tout le temps à la maison* au pied du trône de la grâce dans la prière. Je vous remercie, Tuesday Night Study, Upper Room Ladies, Crossway Communicators, LifeBridge Circle, et Fill My Cup, Lord Writers. Votre présence inébranlable a tellement enrichi ma vie !

Cynthia, je suis honorée et privilégiée de t'appeler ma sœur en Christ. J'ai énormément joui d'être à tes côtés dans cette aventure littéraire commune. Merci de m'avoir écoutée, de m'avoir fait rire et d'avoir quelque peu « repassé » au fer chaud mes mèches émotionnelles.

Nous souhaitons toutes deux exprimer notre profonde gratitude à tous ceux qui nous ont fait connaître leurs histoires d'épreuves et de victoires, ainsi qu'à ceux qui ont gracieusement offert leurs années d'expérience professionnelle et ministérielle pour enrichir cet ajout à la conversation sur le mariage et la vie commune. Votre sagesse, vos conseils et vos avis ont été inestimables.

Si votre conjoint est ignoble (Quand la maison n'est pas un endroit sûr)

Nous avons intentionnellement conservé à ce livre une note de légèreté parce que, pour la majorité des mariages où les différences dans les styles de communication et les attentes irréalistes créent des pépins dans notre logiciel de bonheur, le bon mélange d'humour et de grâce permet de redémarrer, reconnecter et réparer la plupart de nos problèmes. Mais si vous faites partie des femmes qui subissent des violences de la part d'un partenaire intime, nous sommes de tout cœur avec vous.

Élaborez un plan pratique qui vous permette de vivre en sécurité maintenant, pendant que vous planifiez votre départ et après votre départ.

Grâce à une intervention spirituelle, médicale et psychiatrique, certains agresseurs peuvent être réhabilités et certaines relations très dangereuses peuvent se transformer en mariages fondés sur l'amour et le respect. Mais il est toujours impératif de se séparer de l'agresseur s'il y a un danger pour vous ou vos enfants. Se libérer d'une relation dangereuse peut sembler impossible, mais il y a de l'espoir. Voici quelques étapes et ressources qui peuvent vous aider.

Nous vous recommandons d'élaborer un plan pratique qui vous permette de vivre en sécurité maintenant, pendant que vous planifiez votre départ et après votre départ. Voici quelques initiatives souvent utiles :

- Parlez-en à une personne de confiance. Appelez un organisme d'assistance ou un professionnel local ou confiez-vous à un ami de confiance.
- Notez et conservez les cas de violence, y compris les photos et les dossiers médicaux, et cachez-les dans un endroit sûr.
- Effectuez préalablement des recherches concernant les foyers d'accueil locaux et renseignez-vous sur les ressources avant d'en avoir besoin en cas de crise.
- Dressez une liste de ce que vous devrez emporter avec vous : permis de conduire, extrait d'acte de naissance pour vous et vos enfants, cartes de sécurité sociale, argent et/ou cartes de crédit (à votre nom), chéquiers et/ou livrets d'épargne, numéros d'urgence, dossiers médicaux, etc.
- Envisagez une formation professionnelle en ligne qui vous aidera à trouver un emploi après votre départ.
- Si vous pouvez mettre de l'argent de côté, demandez à un ami ou un parent de confiance de le garder pour vous.
- Sachez que vous pouvez demander une escorte policière lorsqu'il est temps de partir.

Notre prière est que Dieu vous conduise vers des personnes capables de vous aider dans cette période difficile.

Que l'amour que Dieu a de vous, et votre confiance en lui, apaisent votre cœur en cette heure.

D'un amour éternel, je t'aime, c'est pourquoi je t'attire par l'affection que je te porte. (Jérémie 31.3)

Vous serez ainsi à même de comprendre, avec tous ceux qui font partie du peuple saint, combien l'amour de Christ est large, long, élevé et profond. Oui, vous serez à même de connaître cet amour qui surpasse tout ce qu'on peut en connaître, et vous serez ainsi remplis de toute la plénitude de Dieu. (Éphésiens 3.18-19)

Dans l'amour, il n'y a pas de place pour la crainte, car l'amour parvenu à une pleine maturité chasse toute crainte. (1 Jean 4.18)

Dix questions pour aider les CALM[1] à trouver leurs marques

1. Pour vous, qu'est-ce qui passe avant la santé de votre mariage et de la personne que vous avez épousée ?

2. Si votre réponse vous a embarrassé, installez-vous tranquillement et réfléchissez à la manière dont vous pourriez changer l'ordre de vos priorités. Avec l'aide de Dieu, que pourriez-vous changer pour que la prochaine fois qu'on vous pose cette question, vous soyez satisfait de votre réponse ?

3. Y a-t-il une idée créative que vous pouvez mettre en pratique aujourd'hui pour faire de votre chez-soi un véritable havre de paix pour tous ceux qui y entrent, et en particulier pour votre conjoint ?

4. Même si votre conjoint constitue « le » problème, êtes-vous prêt(e) à participer avec Dieu à la recherche de solutions ?

5. Décririez-vous votre maison comme chaotique, bruyante mais amusante, ou comme un lieu de paix ? Comment votre conjoint répondrait-il à cette question ?

---

1. Conjoints À La Maison.

6. Parmi vos ami(e)s, laquelle ou lequel exerce une influence bénéfique sur votre mariage ? De quelle manière ?

7. Parmi vos ami(e)s, laquelle ou lequel exerce une influence malfaisante ou crée des attentes irréalistes dans votre mariage ? Pourquoi la ou le fréquentez-vous ?

8. Selon Proverbes 14.1, « Une femme pleine de sagesse construit sa maison, mais celle qui est insensée la renverse de ses propres mains. » Quelles habitudes, pratiques ou traditions font que votre maison donne l'impression d'être chaque jour un plus en phase de démolition qu'en période de restauration ?

9. Quelles sont trois ou quatre de vos valeurs fondamentales ? Quelles sont les trois ou quatre valeurs fondamentales de votre conjoint ? Où se rejoignent-elles, et comment pouvez-vous maximiser ces liens importants ?

10. Quelle maxime choisirez-vous pour la prochaine phase de votre vie commune :
    - ❑ La grâce a toujours le dernier mot ?
    - ❑ L'amour triomphe ?
    - ❑ En quoi puis-je aider ?
    - ❑ Bienvenue chez nous ?

Inspiration pour toute circonstance de la vie dans la Maison-Tout-Le-Temps

LISTE QUOTIDIENNE DES CHOSES À FAIRE

RIRE ENSEMBLE.
PLEURER ENSEMBLE.
SE METTRE EN COLÈRE. CELA ARRIVE.
PARTAGER LES CHAGRINS ENSEMBLE.
ÊTRE RECONNAISSANT. LE DIRE À VOIX HAUTE.
SE QUERELLER.
SÉPARER LA VÉRITÉ DES MENSONGES.
SE GAVER DE CHOSES BONNES.
JEÛNER ÉGALEMENT.
TRAVAILLER ENSEMBLE SUR CE QUI EST DIFFICILE.
JOUER.
SE REPOSER.
S'ÉTREINDRE.
PRIER.
S'ENTRAIDER.

Bonnes et mauvaises idées de conversation entre conjoints

Le discours inspiré par la peur ressemble à de la fièvre émotionnelle. Il indique la nécessité de se faire soigner

Dans le discours de l'AMOUR	**Dans le discours de la PEUR**
Valorisation	Moquerie
Respect	Blâme
Récit d'histoires	Humiliation
Encouragement	Panique et drame
Humour sain	Sarcasme tranchant
Résolution de conflits	Bavardage ordurier
Empathie	Flatterie
Impact et influence pour le bien	Traitement méprisant
Désaccord associé à une écoute authentique	Tout ce qui vient avec la codépendance, l'agression passive et la psychiatrisation

Table des matières

À DÉCOUVRIR AUX ÉDITIONS FAREL

Famille recomposée

Créer un environnement sain et aimant

Gary Chapman, Ron Deal

ISBN : 978-2-86314-524-1

Surprends-moi !

Des façons simples et romantiques de parler les 5 langages de l'amour

Gary Chapman

ISBN : 978-2-86314-533-3

Aimer un proche atteint d'Alzheimer

Gary Chapman, Deborah Barr, Ed Shaw

ISBN : 978-2-86314-528-9

www.les5langagesdelamour.fr

Achevé d'imprimer en octobre 2022
sur les presses de l'imprimerie Présence graphique
37260 Monts
pour le compte des Éditions Excelsis

Imprimé en France

Dépôt légal : octobre 2022